茨城県坂東市の国王神社　平将門は「新皇」を称して関東に一大勢力を有したが、反乱軍とみなされ藤原秀郷・平貞盛軍に敗れた。国王神社は将門戦死地に建立されたといわれ、将門の娘が彫ったという将門像をご神体としている。

松本市今井に鎮座する諏訪神社の兼平形見石　石碑の表面に「今井四郎兼平形見」と刻まれている。近くのクヌギ林から明治時代に出土。兼平は木曽義仲の家臣で、義仲とともに琵琶湖畔で壮絶な最期を遂げた。

木曽町徳音寺の木曽義仲と一党の墓所　義仲開基の徳音寺の一段高い地に、宮ノ越の集落を静かに見守るように義仲一党の供養塔が並んでいる。左から樋口兼光、巴御前、中央奥に義仲、母小枝御前、今井兼平。

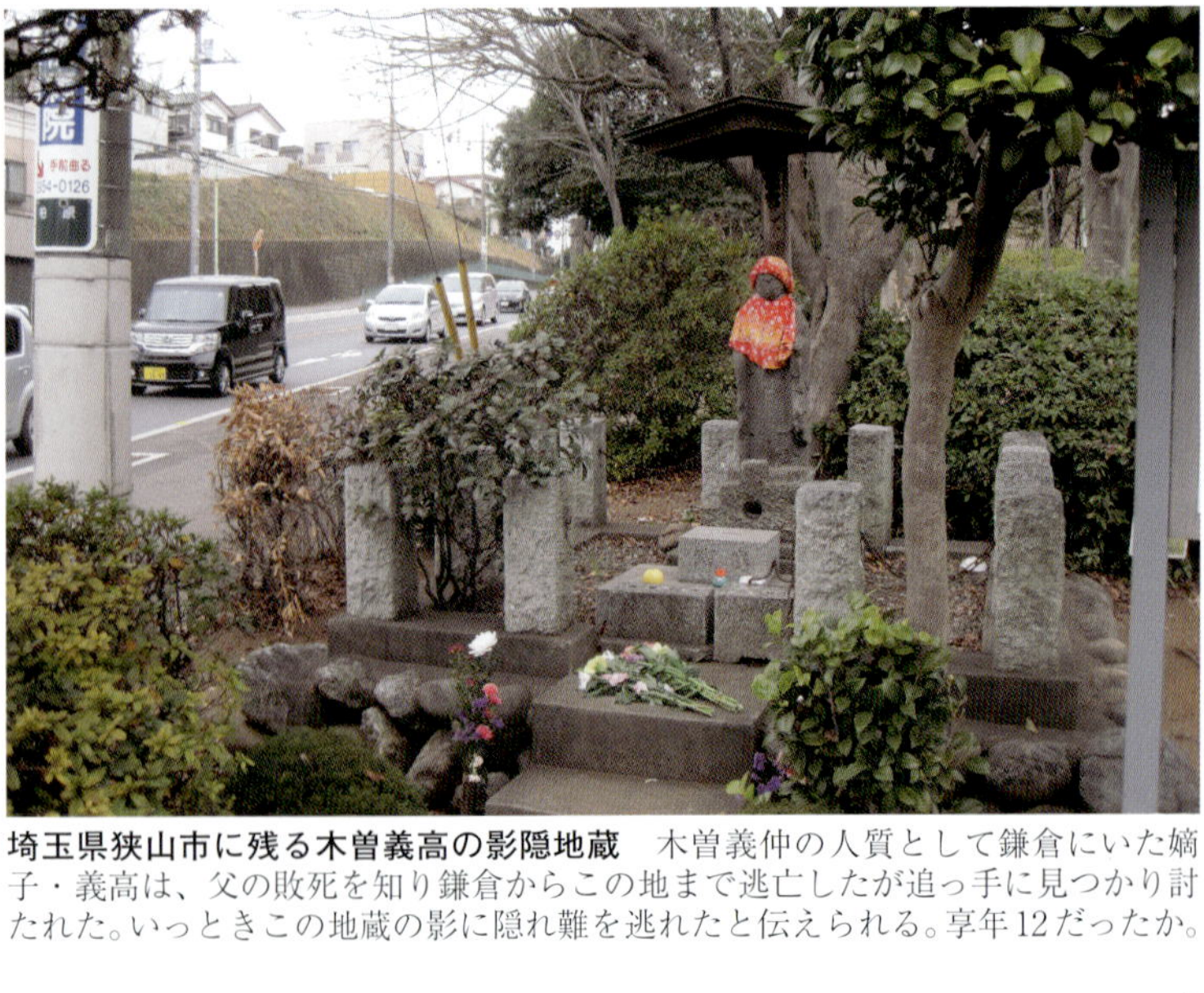

埼玉県狭山市に残る木曽義高の影隠地蔵　木曽義仲の人質として鎌倉にいた嫡子・義高は、父の敗死を知り鎌倉からこの地まで逃亡したが追っ手に見つかり討たれた。いっときこの地蔵の影に隠れ難を逃れたと伝えられる。享年12だったか。

神奈川県真鶴町の源頼朝船出の浜　石橋山の合戦で大敗した頼朝は伊豆山中を逃げ回り、伝説によれば梶原景時の策によって九死に一生を得て真鶴岬へ到達し、この浜から舟２艘で安房へ渡り、ついには形勢を逆転して征夷大将軍となった。

上水内郡小川村の高山寺三重塔　寺院の開基は平安時代の坂上田村麻呂という。塔は建久６年(1195)に源頼朝が創建したというが、高さ17 m、銅葺の現在の塔は江戸時代に再建された。塔越しに遠望する北アルプス連山は絶景。

山梨県甲府市武田通りの武田信繁屋敷跡　信繁は武田信玄の実弟で、武田軍団の副大将として家臣の信頼を得た。第４次川中島合戦にて戦死。屋敷は躑躅ヶ崎の信玄館を守るがごとく、館の前面に位置していた。

長野市川中島の胴合橋　八幡原より南へ１km ほどの地にある。第４次川中島合戦で討ち死にした山本勘助の首を家臣らが泣く泣くこのあたりの千曲川の支流で洗っていると、偶然、勘助の胴体が流れついたという。

滋賀県大津市を流れる瀬田川に架かる瀬田の唐橋　「昌景、あすはそちの旗を瀬田に立てよ」と、信玄が死に際に武田軍団先鋒の山県昌景に命じたという言葉は、多くの人の涙を誘う。信玄は遠い信濃の地で最期を迎えた。しかし夢の中では京の都間近の瀬田の橋に迫っていたのである。写真奥が比叡山の山並み。

佐久市田口の蕃松院　松平康国が岩尾城の戦いで戦死した父・依田信蕃の菩提を弔うために開基した寺院。信蕃の居城だった田口城のふもとに位置し、境内に信蕃の墓所、本堂内に信蕃像・信蕃愛刀が飾られている。

愛知県新城市の長篠の合戦古戦場　往時の姿が色濃く残っている古戦場で、織田方の馬防柵が復元されている。一帯には武田方猛将らの墓所が点在。写真奥に新東名高速道路が走る。

京都市東山区梅宮町の明智光秀首塚（明智墳）　山崎の合戦で敗れた光秀は落ちる途中、山科区小栗栖の竹林にて竹槍で刺され落命した。家臣の溝尾庄兵衛が首を討ち、知恩院まで首級を運び、門前近くのこのあたりで埋めたといわれ、「明智首塚」「明智墳」として祀られている。

長野市豊野の大倉城址　武田氏滅亡後、信長の命で北信濃４郡を支配する森長可に対して反旗をひるがえした国衆・農民の一揆勢が立て籠もった城である。激戦の末、その多くは討たれたが、信長の急死で情勢は一変、長可はただちに美濃へ逃げ帰った。

大阪市天王寺区に建てられた真田丸出城跡碑　真田丸は大坂冬の陣で真田信繁（幸村）が築いた大坂城最前線の出城。一帯は小高い地として残っており、心眼寺や三光神社、真田山小学校などが建てられている。大阪城天守閣は見えない。

諏訪市中洲・法華寺の吉良義周墓所　赤穂浪士討ち入り事件後に吉良家は断絶、当主義周(上野介実孫)は諏訪に配流され４年後に病死した。享年21であった。現在、命日には愛知県吉良町の人びとも来て供養祭が催されている。

上田市中央にある月窓寺の赤松小三郎遺髪の墓　幕末にいち早く議会政治を提唱した小三郎は京都で薩摩藩士に暗殺された。落命の地(中京区)には碑が立っている。墓所は左京区の黒谷光明寺。上田市内には赤松小三郎記念館がある。

信州往来もののふ列伝

目次

第三章　天下統一への戦い　137

第一章　もののふ登場

坂上田村麻呂

八面大王と雌雄を決した征夷大将軍

坂上田村麻呂（さかのうえの・たむらまろ　七五八〜八一一）
奈良時代後期〜平安時代初期の武官。坂上氏は大和国の豪族で代々武官として朝廷に仕える。二三歳で近衛将監《このえしょうげん》。延暦一六年（七九七）、四〇歳で征夷大将軍に就く。延暦二一年（八〇二）、奥州胆沢《いさわ》城の築城に尽力、鎮守府を多賀城から北進させる。その功績で参議、のちに大納言に栄進。京都・清水寺を造営したともいわれる。享年五四。

坂上田村麻呂といえば日本史上武名をとどろかす英雄である。平安時代を通じて尊崇され、「武は田村麻呂、文は菅原道真」と並び称えられたという。

大納言までのぼりつめたとあって、京都・山科区の坂上田村麻呂公園内にある円墳状の墓所も巨大である。平成一九年（二〇〇七）、この墓の北西二キロほどの西野山古墳が実際の墓所ではないかと大きく報じられ、話題となった。田村麻呂は甲冑《かっちゅう》・弓矢を具して直立した状態で埋葬されたという。死後も平安京を守る武人の神として祀られたのである。

田村麻呂公園内の墓所〈京都市山科区〉

『清水寺縁起《きよみずでらえんぎ》』などによれば、「背丈五尺七寸（約一七五センチ）、顔赤く、眼は鷹のごとし。髪は金髪。怒ると猛獣が逃げ、笑えば幼児がなつく」という堂々たる偉丈夫・風貌・性格で、まさに英傑の風格だったというが、だいぶ後世に脚色されたようでもある。

平安初期、政府はさらに北へと国土の支配領域の拡大をはかっていた。しかし、政府が蝦夷《えみし》とよんだ奥州の人びとは別国家の体をなし、降伏・帰順させるにはかなりの軍事力を必要とした。田村麻呂は都から数回にわたって軍を率いて奥州へ遠征、国域の拡大と蝦夷を恭順させることにもっとも奮励、尽力した人物であった。

宮城県多賀城市の多賀城跡は、ほぼ一キロ四方の広大な城跡が保存されている。八世紀初期に奥州を平定・統治する要の地として陸奥《むつ》国府・鎮守府がこの多賀城に設置されていた。田村麻呂は支配域を北に拡大、八〇年以上置かれていた多賀城の鎮守府を北の胆沢《いさわ》城（岩手県奥州市）へ移設することを成し遂げた。そして頑強に抵抗してきた蝦夷の軍事指導者の

復元が進む多賀城跡〈宮城県多賀城市〉

阿弖流為《アテルイ》と母礼《モレ》をついに恭順・降伏させるという大きな功績を挙げたのである。

奥州遠征で田村麻呂は、信州をほぼ南北に通過する東山道《とうさんどう》を何度か行き来したのだろう。田村麻呂にまつわるゆかりの史跡は信州各地、とくに松本平・安曇野に数多い。もっともよく知られるのは波田神社（松本市波田）の田村堂だろう。堂内に安置される重要文化財の精巧な細工が施された厨子《ずし》には、田村麻呂像が納められている。また、松本市島立の沙田《いさごだ》神社や田村麻呂石像の立つ安曇野市三郷の住吉神社、山形村の清水寺《きよみずでら》などは田村麻呂が有明山の八面大王を退治するため、勝利祈願をしてその造営に関わったと伝えられる。さらに安曇野市穂高の満願寺は、八面大王退治の願いがかなったとして建立されたという。

善光寺平にも田村麻呂の足跡がある。長野市若穂の清水寺《せいすいじ》には田村麻呂が奉納した鍬形《くわがた》が保存されているという。

また、田村麻呂には鬼や盗賊・悪人退治の伝説が多い。松本・安曇野できわめてよく知られる田村麻呂と八面大王伝説もその一つである。

安曇一帯の村人をいじめる鬼のような八面大王を、田村麻呂様が八つ裂きにしてやっつけてくれたというのが、よく聞かされた伝説である。ところがまったく逆の伝説もある。奥州遠征へ行く途上の田村麻呂軍は、このあたりで食料などの過酷な貢物を強制した。耐えかねた八面大王が立ち上がり田村麻呂に反抗したが敗れたという。こちらの伝説のほうが説得力があるように思える。

先の蝦夷の阿弖流為・母礼の話に戻そう。

波田神社の田村堂〈松本市波田〉

田村麻呂が穏やかに降伏させた阿弖流為・母礼を京都に引き連れてくると、政府は断罪を厳命した。田村麻呂は、必死に助命を懇願したがついに願いは許されず、二人は処断された。

一時は政府軍を撃破するほどの強勢を誇った阿弖流為軍を、戦いながらまたは説得しながら腐心しつつ帰順させたにもかかわらず、田村麻呂の現地での辛苦を中央の貴族らは斟酌《しんしゃく》しなかったのだ。

大塚神社が鎮座する八面大王の耳塚〈安曇野市穂高有明〉

よって私は安曇野の八面大王伝説については、次のような解釈をしている。

田村麻呂の遠征軍は食料調達をどうしても必要とした。しかし、突然の負担増に松本・安曇野の民衆は困窮。民の代表となって減免削減を懇願する八面大王の気持ちを田村麻呂は痛いほどわかった。しかし、官軍の命に背いたとして八面大王を処罰せざるを得なかった……。

八面大王は、その名を清酒の銘柄や地名・店名などに付けられ、処刑後の耳や足などが葬られた場所には塚が築かれて祀られるなど、田村麻呂同等、いやそれ以上に地元ではいまでも称えられている。

平将門　信濃国分寺一帯で貞盛軍と激戦

平将門（たいらの・まさかど　九〇五？〜九四〇）
平安時代中期の武将。上総国《かずさのくに》に土着した桓武平氏高望《たかもち》の孫。一族の内紛で伯父・国香《くにか》を滅ぼし、従兄弟《いとこ》の貞盛《さだもり》を破るなど、しだいに関東での勢力を強める。また国司の苛政を追及して民衆の支持を得、天慶《てんぎょう》二年（九三九）、「新皇《しんのう》」を宣言、独自の関東支配をはかる。しかし国家への反逆者とされ、翌年平貞盛・藤原秀郷《ふじわらのひでさと》の軍に敗れ戦死。享年三六か。

「平将門みたいに飯をこぼすな！」という父の叱声はいまでも鮮明に耳に残っている。小学生のころ読んだ絵本の中の将門は、顔中ヒゲだらけでご飯をポロポロこぼしている行儀の悪い嫌なやつだった。

ところがそれから十数年後、東京・大手町の高層ビル街のど真ん中に、将門の首塚が堂々とあり、鮮やかな花が供えられていることを知った。その後何度か訪ねたが、いつも供花の数がおびただしく、絵本の中の将門の悪いイメージとはどうしても結びつかなかった。

平将門首塚〈東京都千代田区大手町〉

承平五年（九三五）、将門三〇歳のころ、父・良将の遺領をめぐる一族の内紛で、将門は伯父の国香《くにか》を滅ぼした。このときから国香の子・貞盛《さだもり》と将門は、従兄弟《いとこ》の間柄ながらついに和を結ぶことなく、関東の地で相争う宿命の敵どうしとなった。世にいう平将門の乱の始まりである。将門は翌年、貞盛と戦いこれを圧倒し、さらに翌々年には伯父の平良兼（国香の弟）をも倒し、関東における平一族の争いの中でしだいに勢力を拡大、その強さが知れわたっていった。

追いつめられた貞盛がついに関東の地を逃れ、都へ奔《はし》ったのは天慶《てんぎょう》元年（九三八）の暮れのことであった。信濃の道・東山道を経て懸命に逃れんとする貞盛。将門は信濃国分寺（上田市）あたりで追いついた。

凍てつくような厳寒の日、千曲川をはさんで両軍激しく戦い、たがいに多くの兵が死傷した。「千曲川帯して、彼我合戦するの間、勝負あることなし」と『将門記』は記す。そうしたなかで貞盛は、「幸いに天命あり。遁れて山中に隠れぬ」と、将門の猛追を振り切って信濃山中から都に逃れ去った。まさに貞盛は虎口を脱し、将門は貞盛を倒す千載一遇の機を逸

信濃国分寺跡〈上田市国分〉

した。このときの将門の追撃の甘さが後に貞盛の反撃を許すことになる。

　信濃国分寺・国分尼寺は、しなの鉄道線をはさんで伽藍《がらん》跡地が一万坪近く保存されている。建造物は建てられていないが、礎石《そせき》の点在が往時の壮大な偉容を想起させる。寺伝によれば、このときの将門・貞盛の激戦で伽藍はかなり焼失したという。

　貞盛を逃したものの、この合戦以後、将門の関東での声望はますます高まり、多くの民衆、さらには国司たちでさえ難事・もめごとがあれば将門を頼った。将門の人柄については、「侘《わ》び人を助け、便りなき者を顧みて、しかして力尽くす」（『将門記』）、つまり困っている者を助け、頼りのない者の面倒をよくみて力を貸してやったというのだ。この庶民・弱者に手を差しのべ、力を貸す将門の姿が多くの民衆の支持を得た。

　天慶二年（九三九）の暮れ、将門は「新皇」を高らかに宣言した。関東一帯を中央政府の過酷な支配から分離するという、まさに関東王国独立宣言であった。将門は生まれ故郷といわれる現在の茨城県坂東市岩井一帯に、新皇の王城・内裏を設定したといわれるが詳細は定かではない。また独自に新しい関東八ヶ国の国司の任命も執行した。朝廷は新皇将門の宣言に驚愕した。貞盛や、将門に追い払われた関東の国司らは口々に将門を罵倒《ばとう》、結局将門は国家への反逆者という烙印《らくいん》を押されてしまった。この間に冒頭のような将門の悪人逸話が作られたのであろう。

新皇宣言からわずか数か月後、将門は一転、艱苦《かんく》の戦場で闘っていた。敵は宿敵・貞盛と下野《しもつけ》の豪族で押領使《おうりょうし》・藤原秀郷《ふじわらのひでさと》の連合軍およそ四〇〇〇。大軍の官軍に不意を突かれ苦戦をしいられる将門勢わずか四〇〇。しかし、将門は修羅《しゅら》のごとく闘った、攻めた。追い風を利用して真正面から突撃、もう一押しのところまで貞盛・秀郷を追いつめた。

ところが突然、風が逆風になってしまった。「(貞盛・秀郷方は) 方を失いて立ち廻るの間、かえって順風を得たり」(『将門記』)、つまり貞盛・秀郷方は追いつめられて右往左往していると、いつのまにか風上となったというのだ。形勢逆転。貞盛方はこのときとばかり将門軍に矢を放った。逆に将門の周囲は敵の矢の音が充満、そして将門の愛馬が風にあおられて前足をあげ、走りを鈍らせたとき、一本の矢が将門の眉間を貫いた。天慶三年(九四〇)二月一四日、将門落命。将門の関東独立国家の夢は潰《つい》えた。

将門の故郷である坂東市の市文化ホール前には、烏帽子《えぼし》・狩衣《かりぎぬ》姿の堂々たる将門騎馬像が立つ。そして市内の延命院には将門の胴塚が。

また、将門が御神体という国王《こくおう》神社は将門落命の地に鎮座するという。将門の三女・如蔵尼《にょぞうに》は、父の最期の地で見出した木材で父の像を彫り、庵を建てた。これが国王神社のもととなり、彫られた将門像が御神体として祀られた。鬱蒼《うっそう》とした杉木立に囲まれる社殿は、まるで荘厳な聖地を思わせる。

市街の至るところで、「将門そば」「将門せんべい」「美酒将門」「将門不動産」「将門公苑」「将門川」などの看板に、将門の二文字を見ることができる。将門は国家の苛政に苦しむ民衆の盾となって闘ったまさに英雄であり、悪人・反逆者ではけっしてなかったというのである。

将門騎馬像〈茨城県坂東市〉

東京大手町の首塚のほかに、将門を祀る寺社は関東を中心として各地に五〇以上を数えるという。東京証券取引所近くの兜《かぶと》神社、九段の築土《つくど》神社、神田明神などがその代表といえる。

岡田親義

松本市岡田の里から木曽義仲に随従

岡田親義（おかだ・ちかよし　?～一一八三）
平安時代末期・源平時代の武将。通称岡田冠者《かんじゃ》親義。源氏隆盛の基を築いた名将・八幡太郎義家の弟・新羅三郎義光《しんらさぶろうよしみつ》の五男という。信州に土着し現在の松本市岡田に居を構える。以仁王《もちひとおう》の令旨《りょうじ》を受け、治承四年（一一八〇）の木曽義仲挙兵に呼応し一族挙げて従う。しかし、寿永二年（一一八三）に上洛途中の倶利伽羅《くりから》峠の合戦にて戦死。享年四五前後か。

地元紙に岡田親義を顕彰する祭事が催されたと報じられ、「岡田親義を讃える会」や「木曽義仲復権の会」の関係者が新しい案内板の除幕をしている写真も載っていた。

さっそく祭事が催された松本市岡田の慶弘寺公園を訪ねてみると、真新しい案内板には親義が合戦で活躍する場面の錦絵と『源平盛衰記』の一節が記されていた。慶弘寺公園は親義の居城といわれる伊深《いぶか》城のふもとにあり、松本平を北から望む眺めのよいところである。芝生が一面に敷かれて東屋も設置され、古い石塔や石碑群が地元関係者の地道な活動によって

慶弘寺公園の岡田親義墓（右）から松本平を望む〈松本市岡田〉

よく保存整備されている。また、公園から南へ二キロほどのところには親義の居館跡も発掘されている。

親義の名は『平家物語』の「源氏揃えの事」が初見である。後白河法皇の皇子以仁王《もちひとおう》より令旨《りょうじ》を賜われば「悦びをなして馳せ参ずる源氏ども」の、全国各地のおもだった武士たちの名を源頼政がとうとう以仁王に申し述べる中に登場する。

「信濃国には岡田冠者親義、平賀冠者盛義、木曽冠者義仲……」

さらに伊豆の頼朝や奥州の義経も含め、その数は五〇人を上回った。その多さを知って勇気づけられた以仁王は、平氏打倒の令旨をしたためた。

治承四年（一一八〇）、以仁王の「平氏を討て」という令旨が親義にもたらされた。信濃国で令旨を受けたのは佐久の平賀氏、木曽の義仲、そして親義の三人。

聞けば当の以仁王は、挙兵後すでに平氏によって滅ぼされたというではないか。時代は「平氏にあらずんば人にあらず」という平氏の絶頂期。源氏の由緒ある家柄の親義とはいえ、判断はきわめて難しかった。

全盛の平氏とどう立ち向かうか、戦って勝つことができるのか。平賀氏は、そして義仲殿はいかにするかと、親義は悩んだだろう。おそらく伊深山頂にひとり立ち、親義は千思万考《せんしばんこう》したに違いない。伊深山頂に向かう山道は急峻で、山頂からは松本平を一望できるばかりか、木曽の山々まで遠望できる。その山々を見て「義仲殿を総大将と仰ぎ、令旨に応えん」と、義仲に命運をかけることを親義は決意したのかもしれない。

義仲復権の会会長（当時）の穂苅甲子雄氏が、「都から遠く離れた信州の地より、時代を変えんと挙兵した義仲の情熱に岡田親義も動かされたのでしょう」とかつて熱っぽく語られていたことを思い出す。

親義は当時二七歳の義仲より一回り半も上の四五歳前後だったと思われる。義仲は「義仲四天王」とよばれる今井兼平・樋口兼光らとは別格の大将格として親義を迎えたことだろう。

標高916ｍの伊深城跡〈松本市岡田〉

親義は子の重義・久義はじめ岡田一族一党挙げて義仲に参じた。義仲は挙兵後、東信濃に兵を進め依田城（上田市丸子）を拠点として上野国《こうずけのくに》まで足をのばして味方の軍を募った。そして翌年横田河原の合戦で平家方に大勝、おおいに気を吐いた。残念ながらこの間の親義の動きは不明で、その活躍は倶利伽羅峠《くりから》の合戦まで待たねばならない。

寿永二年（一一八三）五月、「火牛の計」で世に名高い倶利伽羅峠（砺波山）の合戦は、義仲軍五万に対し、平氏軍は倍の一〇万という大軍で相まみえたと『平家物語』は記す。

合戦の舞台となった倶利伽羅峠は、加賀国（石川県）と越中国（富山県）の境をなし、遠望するとそう高い山並みではないが、峠の頂に立つと尾根・谷の急峻さに驚かされる。とくに数万の平氏の兵馬、そして火牛もろとも呑みこんだという地獄谷は鬱蒼《うつそう》とした森に覆われ、いまも人獣を寄せつけないほどの深い谷である。峠の猿ケ馬場は古戦場の中心地で「源平倶利伽羅合戦」と大書された巨大な碑と巨大な石机があり、この石机を囲んで平氏の大将たちが軍議をしたとしている。

倶利伽羅峠の古戦場碑〈富山県小矢部市〉

合戦は義仲軍の夜襲で火蓋を切った。源平合戦の中でも広く知られる数百頭の牛の角に松明《たいまつ》をつけて敵に放ったという火牛の策は、真偽のほどはともかく少ない軍勢を多く見せるための一策だったのだろう。戦いは熾烈《しれつ》な白兵戦となり、『源平盛衰記』は親義父子の戦いぶりを生々しく、そして詳しく描いている。

親義は自ら槍をとり最前線へ。敵将・平知度《とものり》（清盛の子）と遭遇して一騎討ちとなった。双方の従者が即座に駆け寄る。「知度の随兵二十余騎、親義が郎等三十余騎、たがいに戦いけり」「太刀の打ち違う音、耳を驚し、火の出ること電光に似たり」と記される壮絶な死闘・乱戦。そんな中で、無念にも親義は討ち死する。重義（親義の子）が父を助けんと駆けつけたが間に合わず、敵の平知度もまもなく戦死。一方、親義のもう一人の子・久義は平為盛《ためもり》（清盛の甥）と激しく戦い、ついに久義は為盛を討ちとる。

源平入り乱れての大激戦は義仲軍の大勝利に。親義父子の勇猛果敢な戦いぶりはすさまじく、この一大会戦の勝利とともに、その死は義仲上洛成功の礎となったというべきだろう。

松本市の慶弘寺公園にある墓塔は、帰郷した重義が父の遺骸をここに埋葬したものといわれ、昭和初期には太刀と骨が出土したと伝えられる。公園から南へ二キロほどの原地区の高台に立つ穴田観音堂、そして下岡田の慈眼山普門院は、隆盛のころの親義が開基・創建した寺院の名残として、いまに遠い時代を伝えている。義仲とともに上洛を果たせなかった親義だったが、新しい時代を夢見て懸命に生きた生涯に違いなかった。

手塚光盛　塩田平から出陣、篠原の合戦で活躍

手塚光盛（てづか・みつもり　?～一一八四）
源平時代の武将。木曽義仲の有力な家臣。金刺太郎光盛ともいう。諏訪武士団の棟梁・金刺盛澄の弟で、上田市の塩田平一帯を領していたという。義仲の挙兵に兄とともに当初から呼応し、光盛は上洛軍に随従。寿永二年（一一八三）、加賀国・篠原の合戦で平家方の武将・斎藤実盛《さねもり》を討ちとる。しかし、翌年の鎌倉方との合戦で琵琶湖畔の粟津原にて戦死。

義仲軍と平家軍が激突した篠原の合戦は、石川県加賀市新堀川に架かる現在の源平橋周辺が主戦場だった。寿永二年（一一八三）五月の倶利伽羅《くりから》峠の合戦で大敗した平家は、およそ二〇日後、ここ篠原で、まさに背水の陣を敷き義仲軍と対峙した。

古戦場は西に日本海、東は柴山潟という海岸と湖沼にはさまれた一帯である。現在その一角の手塚山公園に、光盛・義仲・樋口兼光《かねみつ》の三将が居並ぶ銅像が建立され、合戦の名場面を再現している。写真右が光盛、中央に兼光、左で天を仰いでいるのが義仲。義仲は光盛が討

左から実盛の首級を検分する義仲、兼光、光盛の像〈石川県加賀市〉

ちとった斎藤実盛《さねもり》の首級《しるし》をひざに抱いている。

平家方の死に物狂いの抵抗で、合戦は熾烈《しれつ》をきわめた。平家の武将・武蔵有国《ありくに》などは、「矢七つ八つ射立てられて、敵の方を睨《にら》み、立ち死にせり」（『平家物語』）というのだから、まさに弁慶がごとく立ち往生の最期だった。

義仲方で一番手・先陣を命ぜられた兼光は、魚鱗《ぎょりん》の構えにて敵の先陣・畠山重能《しげよし》隊の鶴翼の陣と相対し戦った。『源平盛衰記』は、「……巻いては出でぬ、籠《こも》りては散りぬ、散っては籠りぬ、討ち討たれぬ…」と、たがいに一歩も引かずの互角の戦いを描いている。

ちなみに畠山重能は義仲の幼いころ、当時の駒王丸の命を斎藤実盛とともに助けた武将で、この戦《いくさ》では平家方に属していた。

兼光隊に続き、二番手は今井兼平隊、三番手楯親忠、四番手落合兼行……と、義仲方は山津波のごとくの大攻勢、平家方はジリジリと押され、しだいに敗走していった。

しかしそんな戦場で一歩も引かず闘い抜く平家方の武者を見つけた光盛は、勇躍これに挑んだ。

「われこそは信濃の国の住人、手塚太郎金刺光盛なり！」

大音声で名乗る光盛。

ところがその武者は、

「存ずる旨あれば名乗らず。いざ」

両者は激しく戦い、組み打ちに。必死の形相で戦うさまはまさに鬼と夜叉、そしてついに光盛は相手を組み伏せ、首級を挙げた。

名乗りを挙げなかった不思議な敵将の首級を池で洗い清めると、黒髪はみるみる白髪に。

「もしやこのご仁は斎藤実盛殿ではないか……」

とすれば義仲の命の恩人。

時をさかのぼること二十数年前。かつて義仲が駒王丸とよばれていた幼いころ、関東の地で父・義賢《よしかた》と源義平の抗争があった。その戦いで義賢の居館・大蔵館は、義平に突然夜襲をかけられ義賢は戦死。からくも脱出した駒王丸は厳しく探索された。最初に駒王丸を見つけたのは、先に兼光と戦った畠山重能だった。しかし、「こんな幼児《おさなご》をとても突き出すことはできない」との思いから旧知の斎藤実盛にすがった。しかし、実盛とて関東に住む身、とてもかばいきれない。実盛は考えたあげく、木曽の中原兼遠にそっと預けた。兼遠は駒王丸を信州へ連れ帰り、やがて駒王丸は義仲となった。義仲にとって実盛は、まさに命の恩人だった。

そして二〇年後、平家全盛の世にあって実盛も重能も平氏に仕えていた。そんな折、あの駒王丸だった義仲が平家打倒の兵を挙げたというではないか。

「これもまた定めか…」との思いを胸に、実盛は義仲の敵となって戦場で相まみえたのである。実盛と名乗れば命は助かったろうが、実盛は平家の一武将として堂々と戦い光盛に討たれた。義仲の深い嘆き、光盛の困惑・後悔はいかばかりであったろうか。実盛とは旧知の間柄で顔を見知っていた兼光が首級を検分した。その場面が先の銅像となった。義仲は実盛を手厚く葬り、戦場に塚を築いた。光盛も深く頭を垂れ、実盛の冥福を祈ったことだろう。

実盛塚〈石川県加賀市〉

実盛を埋葬した実盛塚を訪れると、墳丘の中央に立つ赤松の巨木がひときわ目を引く。無数の支柱はまるで脚のように見え、地をはう竜のごとき松である。実盛塚の前で与謝野晶子は、「北海が盛りたる砂にあらずして　木曽の冠者がきづきつる塚」と詠んでいる。

地元では古戦場周辺の町名を手塚町、また銅像の立つ公園を手塚山公園として光盛の武勇をいまも称えている。

義仲は実盛の遺品の兜《かぶと》を近くの多太《ただ》神社（小松市上本折町）に、兼光を使者として送り寄進した。この兜は重要文化財として現在も保存されている。江戸時代、芭蕉がこの神社を訪れ、実盛をしのんで詠んだ

むざんやな　甲《かぶと》の下の　きりぎりす

で世に知られるようになった。

篠原の合戦で大勝利した義仲軍はその勢いで入京して平家を西に追った。しかしそれから五か月後、鎌倉の大軍が京へ攻めあがってきた。義仲は一転守勢に。宇治川や琵琶湖周辺で鎌倉方とのはげしい戦いが繰り広げられ、光盛も懸命に戦ったが、多勢に無勢。

光盛の最期を『源平盛衰記』は短くこう記している。

「落ちぬ討たれぬするほどに、主従五騎になりたりける。手塚太郎討たれければ……」

義仲を最後まで守り抜き、散った光盛の生涯だった。

手塚光盛の故郷といわれる上田市の塩田平一帯は、後に執権北条氏の一族が居館を構えた

手塚光盛の供養塔〈上田市手塚〉

風光明媚で静かな田園地帯である。古い神社仏閣も多く残され、信州の鎌倉とよばれる。その中の手塚地区に、高さ一メートルあまり、苔《こけ》むす手塚光盛供養塔が個人の住宅敷地内に立っている。また光盛の居館跡という手塚大城も個人の敷地となっていた。かつて近くに光盛寺と称する寺もあったといい、この一帯は光盛が領していたところといわれている。

『御伽《おとぎ》草子』の中でよく知られる「唐糸《からいと》草子」の物語の主人公・唐糸は光盛の娘という。唐糸は義仲から頼朝暗殺の密命を受け、鎌倉に忍びこんだが発覚、土牢《つちろう》に閉じこめられた。娘の万寿は哀《あわ》れな母を助けるため、舞の名手となって鎌倉へ。頼朝の目にとまって舞が称賛され、ついに母を助けだすという物語である。その唐糸を祀る観音堂もまた手塚大城の敷地内に建てられていた。

光盛の故郷・塩田の里を、古刹・前山寺あたりから一望すると、光盛もこのおだやかな地に帰ってきたかったろうと、つい感傷的になるのは現代人の感覚か。ちなみにマンガ家の亡き手塚治虫氏は光盛の子孫を称していたという。

根井行親　義仲軍の先陣を担った佐久の猛将

根井行親（ねのい・ゆきちか　?〜一一八四）
源平時代の武将。木曽義仲の家臣で義仲四天王の一人。東信濃・佐久に勢力を張った豪族。保元の乱では源義朝に従い戦ったという。義仲の養父・中原兼遠《かねとお》の懇請で、治承四年（一一八〇）、義仲の依田城挙兵における強力な後ろ盾となる。横田河原の合戦以来各地で奮戦し、義仲とともに上洛。しかし、寿永三年（一一八四）年の鎌倉方との合戦で討死。四天王の一人・楯親忠《たてちかただ》は子。享年四〇前後か。

根井行親はとてつもない豪傑であった。宇治川の合戦といえば、名馬で先陣争いをした鎌倉方の佐々木高綱《たかつな》と梶原景季《かげすえ》が勇名を馳せる。それに比して、鎌倉方の大軍と最後まで戦い抜いた木曽方の指揮官・根井行親の獅子奮迅《ししふんじん》の戦いぶりを『源平盛衰記』は、あますことなく伝えているのだが、残念ながらほとんど知られていない。

都の南、宇治方面の搦《から》め手から進軍してきた義経率いる鎌倉方は数万。対して義仲は、行親・親忠父子に数千の軍を預け防戦に向かわせた。鎌倉勢を追い返してみせると豪語した行親も、宇治川の対岸に密集する鎌倉方の雲霞のごとき大軍には度肝を抜かれた。

佐々木・梶原の先陣争いに続いて、つぎつぎと渡河して怒涛《どとう》のごとく押し寄せる鎌倉勢。行親は一歩も引かず戦い抜いた。

突っこんできた二人の敵をそれぞれ左右の脇につかまえ、一人は「鎧《よろい》の上帯を取りて、むずと引き上げ、深田へ向かって投げたれば死にけり」と。もう一人は投げられまいと「鐙《あぶみ》を馬の腹に踏み廻し」て抵抗したところ、「馬と主とを……深田へ曳《えい》と云いて投げたれば、泥の中にて馬に敷かれて死にけり。馬も深田に打ちこまれて、主と共にぞ失にける」と、『源平盛衰記』は記す。

あまりの行親の怪力に敵兵は恐れおののいた。行親は何度も何度も敵を押し戻した。が、いかんせん多勢に無勢……。信濃挙兵以来、初めての無念な敗退であった。

四季を通じて観光客が絶えない京都・宇治平等院鳳凰堂近くの宇治川岸一帯。中州の橘島に立つ「宇治川先陣之碑」のみが八〇〇年前、このあたりで激しい合戦のあったことを想起させる。

平安時代末期、東信濃では望月・海野《うんの》・根津氏など、かつての滋野《しげの》一族の分派が勢力を張っ

「宇治川先陣之碑」〈京都府宇治市〉

ていたが、同族の中で当時根井氏の力が一頭地を抜いていたのであろう。義仲の養父・中原兼遠《かねとお》は、義仲の将来を託す人物として行親に白羽の矢を立てた。行親は、兼遠の要請を快諾した。行親は義仲を「木曽の御曹子」と敬い、長男・行長、次男・行直、そして楯親忠《たてちかただ》、四男の八嶋行忠を率いて参陣、東信濃の豪族らに挙兵の賛同をよびかけた。

かくして治承五年（一一八一）の横田河原（長野市）の合戦では、義仲の傘下に東信濃・佐久地方の武士らがつぎつぎと参陣し大勝利に結びついた。『源平盛衰記』からその武者たちの名を挙げよう。「根井小弥太（行親）、其子楯六郎親忠、八嶋四郎行忠、落合五郎兼行、根津泰平が子息、根津次郎貞行、同三郎信貞、海野弥平四郎行弘、小室太郎、望月次郎、同三郎、志賀七郎、同八郎、桜井太郎、同次郎石突次郎、平原次郎景能……」

木曽で挙兵した義仲が信濃国府中（松本）を経て筑摩山地を越え、依田城に拠点を移した大きな理由はまさに、東信濃の武士たちの結集にあった。

義仲挙兵の地・依田城跡〈上田市丸子〉

依田城に本拠を構えていた依田次郎実信も、義仲の拠点にと自らの城を明け渡し随従した。依田城は善光寺と碓氷峠のほぼ中間に位置し、北陸道へ進むに地の利を得た要衝の地。城に近接する古刹・宝蔵寺には、義仲手植えと伝えられる樹齢八〇〇年の枝垂れ桜「義仲桜」が巨木となってそびえ立っている。

横田河原で大勝した義仲軍は、その勢いに乗って北陸道を京へ進軍、義仲自身は信濃にあり、軍の先頭には行親を立てて進軍したとみられる。『吾妻鏡』同年九月の条に、「先陣根井太郎（行親）、越前水津に至り…」、平通盛《みちもり》・経正《つねまさ》軍を撃破したとある。

そして二年後の寿永二年（一一八三）、倶利伽羅《くりから》峠の合戦に続いて、義仲軍大勝利にて上洛を加速させた加賀・篠原の合戦。ここでも行親の奮戦ぶりがまたすごい。平家方の将・飛驒景高隊と行親隊の真っ向勝負は結着がつかず、ついに大将同士の組み打ちに。

「たがいに太刀を捨て組みたりける。根井は四十計の男也。景高は二十五也。上になり下

正法寺の行親供養塔〈佐久市根々井〉

になり、根井ついに上になり、景高を押へて斬りにけり」と。いやはや、げに恐ろしき猛将。
しかし、そんな行親も、武運つたなく宇治川で大敗、そして討死。行親の首級は義仲・兼平らとともに都大路を引き回され晒《さら》された。義仲に最期まで従った行親だった。
　北に浅間山を望む佐久平のほぼ真ん中に位置する佐久市根々井の古刹・正法寺に、根井行親の供養塔が苔生す石塔となって立っている。義仲にすべてをささげ、遠い都の地で散っていった夫・行親を思慕して、妻室が建立したという。

今井兼平

義仲とともに壮絶な最期をとげる

今井兼平（いまい・かねひら　一一五二?〜一一八四）
源平時代の武将。木曽義仲の有力な家臣で四天王の筆頭格。義仲の養父・中原兼遠《かねとお》の四男、義仲妻室・巴御前の兄にあたるともいう。義仲の平氏打倒の挙兵当初から従い、越中般若野《はんにゃの》・倶利伽羅《くりから》峠などの合戦で活躍し、義仲とともに上洛、平氏を西に追う。しかし、寿永三年（一一八四）、鎌倉方との合戦に敗れ義仲とともに、琵琶湖畔で戦死。享年三三か。

今井兼平は滋賀県大津市JR石山駅近くの墓所に眠っている。一帯はかつて粟津原とよばれた琵琶湖畔で、兼平落命の地である。墓所は桜やカエデ、サツキの樹木が生い茂り、兼平を顕彰する碑が林立する。その一番奥に「今井四郎兼平」と刻まれた無縫塔《むほうとう》の墓が立つ。四方を武骨な石柱で囲み、いかにも勇猛な兼平の墓という感じだ。幅二メートルほどの川が墓所を包むように流れている。

あるじであり、兄弟そして盟友であった義仲の墓所・義仲寺《ぎちゅうじ》は、ここから三キロほど北西

兼平墓所〈滋賀県大津市〉

の地にある。

「ついこの間まで、寺のすぐ前まで琵琶湖のさざなみが打ち寄せていたんですよ。このあたりは風光明媚なところでした」と義仲寺の住職が述懐するがごとく、兼平の墓所もまたかつては湖畔に近い静かで景色の美しい場所だったに違いない。しかし、いまは人家やビル、工場の中に埋没して、琵琶湖畔ははるか遠い。

兼平は義仲の挙兵当初から、すべての合戦で勇猛ぶりを発揮した。とくに寿永二年（一一八三）五月、越中・般若野《はんにゃの》の合戦で平家方の鬼神・七十人力と恐れられた豪胆な武将・平盛俊の軍を敗走させ、兼平の勇名は敵味方に鳴り響いた。この勝ち戦が引き金となり、義仲軍はその勢いに乗って倶利伽羅《くりから》峠、そして篠原の合戦における大勝利を挙げたといえよう。

しかし、その勝利の戦場からわずか八か月後、義仲と兼平は敗色濃い戦場にたたずんでいた。六万ともいう鎌倉方の大軍には、さすがの兼平も義仲もなす術がなかった。兼平は近江の瀬田へ兵を率いて出陣、鎌倉方と激しく干戈《かんか》を交えた。しかし、多勢に無勢、ジリジリと押され後退。心を一にして平氏打倒に生涯をかけた二人の最期の姿を『平家物語』はこう描いている。「（兼平とともに死のうと）多くの敵に後ろを見せてこれまで逃れたる」と義仲。「（義仲殿の）御行方のおぼつかなさにこれまで逃れ参って候」と兼平。

たがいを思い、ともに死なんと二人はここで遭った。が、しかし眉間《みけん》を貫かれ、義仲が首討たれたと知ったとき、兼平はもはやこれまでと太刀を口に含んで馬よりまっ逆さまに落ちる。その姿は壮絶である。哀《かな》しい二人の最期であった。義仲三一歳、兼平三三歳か。

兼平といえばその勇猛さが際立つが、冷静な眼で事態を鑑《かんが》み、しばしば義仲に意見具申をしている。寿永二年（一一八三）三月、信濃にて義仲軍が頼朝の大軍と衝突する危機に直面したとき、『源平盛衰記』によれば、兼平は「今後、頼朝殿とは手を結ぶことはないだろうから、義高様を鎌倉に行かせず、和議せず頼朝殿と一戦交えるべき」と強く主張している。しかし、「頼朝軍はあまりに大軍。ここは和議したほうが…」という慎重な意見も多く、義仲の判断は難しかった。結局、義仲は和議を決断し、嫡子・義高を鎌倉に送った。また、同年一一月、都にて法住寺の後白河法皇を攻めるという事態になったとき、兼平は、「法皇への攻撃は、さし控えるべきでは」と意見している。いずれも義仲は兼平の意向を容れていない。だが二人は志操堅固《しそうけんご》な絆で常に結ばれていた。

旧中山道の洗馬宿、現在の塩尻市洗馬宗賀地区の街道筋から少し入ったところに、いまもこんこんと清らかな水が湧く「邂逅《あふた》の清水」がある。兼平が義仲の馬をこの清水で洗ってやったという話が伝えられる。二人で談笑しながら馬を洗っている光景が思い描かれる。洗馬という地名は、この伝承からつけられたという。

すぐ近くの太田地区にも、「逢うた（太田）の清水」とよばれるところがあり、「木曽殿と馬洗う里よ 水清し」の句碑が立てられている。

邂逅の清水〈塩尻市洗馬〉

兼平ゆかりの史跡の中でももっとも心ひかれるのは、松本市今井・諏訪神社の「兼平形見石」である。神社拝殿のすぐ脇、巨木を背に鉄柵に囲まれた二メートルほどの自然石の碑が立っている。間近に見ると、表面に刻まれた「今井四郎兼平形見」の八文字を判読できる（口絵参照）。明治の初めごろ、このあたりに広がっていたクヌギ林を開墾していた際に偶然出土した巨石という。

一帯は兼平の支配地であった。義仲上洛軍の出陣にあたり、兼平に従っていく戦士たちが家族と別れる際に、この形見の石は刻まれたのであろうか。いつの世にも変わらぬ

ているのである。

兼平形見石〈松本市今井〉

無事を祈る別れの言葉が、形見石の前で交わされたことを想起させる。だが出陣した多くの戦士たちも兼平も、ついに今井の地に戻ることはなかった。哀しい別れの形見の石が永く土に埋もれていたと思うと、なお哀しい。

八月の旧盆に訪れた際、大津の兼平墓所では、ちょうど若いご夫婦が墓所を清掃し、酒を献じ、花を供え線香を焚いていた。聞けば大阪に住む兼平のご子孫で、代々供養を続けているという。また、案内板には墓所の整備・改修に信州・諏訪の子孫も協力したとある。兼平ゆかりの史跡は長野県内のみならず、全国各地に点在する。兼平の一途でひたむきな生き様がいまも昔も、多くの人びとから慕われ

木曽義仲

新しきもののふの世を夢見た旭将軍

木曽義仲（きそ・よしなか　一一五四～一一八四）
源平時代の武将。正式名は源義仲。幼名駒王丸。源頼朝・義経は従兄弟となる。父・義賢《よしかた》が武蔵で敗死したあと信濃に逃れ、養父・中原兼遠《かねとお》のもとで成長。以仁王《もちひとおう》の令旨を受け、平家打倒をかかげ挙兵。倶利伽羅峠・篠原の合戦などで大勝して上洛。平家を西に追い旭将軍とよばれる。しかし、後白河法皇と不和となり、寿永三年（一一八四）、鎌倉方の上洛軍に敗れ戦死。享年三一。

義仲の父・義賢《よしかた》の大蔵館（埼玉県嵐山町）は突如、悪源太義平《あくげんたよしひら》の夜襲を受けた。久寿二年（一一五五）八月のことである。強勇で鳴る悪源太義平の猛攻で館はまたたく間に焼かれ、義賢は争乱の中であっけなく討死した。

悪源太義平は義賢の兄・義朝の子、つまり義賢にとっては甥、義仲の従兄にあたる。その義平に義賢は殺されてしまった。武蔵国において支配地をめぐって対立があったものの同じ源氏どうし、義賢に油断があったというべきか。
当時二歳の義仲（幼名駒王丸）は焼亡する館から母とからくも逃れ窮地を脱した。しかし、その後の義平方の探索は厳しく、義平家臣の畠山重能《しげよし》はまもなく義仲を見つけたが、がんぜない幼な児の駒王丸を見るととても殺せない。なんとか隠し通したいものと友人の斎藤実盛《さねもり》に切願して預けるが実盛とて同じこと。思案の末、実盛は信濃木曽の知人中原兼遠《かねとお》にすがった。すると意外にも兼遠は快く引き受けてくれた。かくして義仲は命を拾い、武蔵国から遠く離れた木曽の兼遠のもとへ逃れることができた。（「手塚光盛」参照）
義仲の生まれ故郷・武蔵国比企郡、現在の嵐山町に残る大蔵館址。夜襲を受けた館址は一部の土塁・石塁などが残り、深い樹木に覆われている。四方ほぼ二〇〇メートルの広大な居館であったことがわかる。また近くの鎌形八幡神社には「義仲産湯の清水」の碑が立ち、さわやかな音をたてて清水が湧出している。義仲誕生の地はいまもかつての武蔵野を彷彿させる地である。

鎌形八幡神社の義仲産湯の清水〈埼玉県嵐山町〉

木曽へ逃れた義仲は、兼遠のもとでどのように

手習天神〈木曽町新開〉

育ったかほとんどわからない。木曽町新開の手習天神《てならい》は、兼遠が義仲に学問をさせるため都から勧請《かんじよう》し、ここで読み書きを息子の兼光・兼平らとともに学ばせたという。木曽川の巴淵で幼いころの兼平や巴御前と泳いだりして身体を鍛えたというような言い伝えが残る。また、兼遠の館址といわれるものが木曽のほかに松本市の今井や元町にも伝えられていることから、義仲は松本平で育ったとも推測されている。

ともあれ義仲は八幡太郎義家四世に恥じない若武者として信濃の地で成長していった。そんなある日、義仲は兼遠にこう言った。「東山道・北陸道を従え平家を攻め、日本国に二人の将軍（頼朝と義仲）ありと言われたい」と。兼遠は、この言葉を聞くために「君（義仲）をばこの二十余年まで養育し奉て候」（『平家物語』）と感涙にむせんだ。

意を決した兼遠は、信濃各地から義仲に随従する豪族を集めることに奔走する。自らの子・今井兼平や樋口兼光、松本平の岡田親義《ちかよし》、諏訪の金刺盛澄《かなざしもりずみ》、東信濃の海野幸親《うんのゆきちか》、佐久の根井行親《ねのいゆきちか》、北信濃の高梨高信《たかなしたかのぶ》・井上光盛などが義仲・兼遠の熱い心意気に感じいってつぎつ

旗挙八幡神社の元服大ケヤキ〈木曽町宮ノ越〉

ぎと参集した。

治承四年（一一八〇）秋、義仲は雄々しく挙兵した。国道二〇号線沿いの木曽町宮ノ越の旗挙げの地には、樹齢八〇〇年という大ケヤキを侍《はべ》らせた旗挙八幡宮が鎮座している。ここは義仲の居館跡だったともいう。

翌年、木曽から東信濃へ軍を進め、依田城（上田市丸子）に軍を結集させた。そして横田河原（長野市）で平家軍を一蹴、寿永二年（一一八三）、北陸道を進軍して倶利伽羅《くりから》峠（富山県小矢部市）で数倍の平家軍に大勝利する。火牛の計を用いたとされる合戦である。

平家は峠の上にとどまったとの報告を聞いてニコリ笑った義仲。「平家一〇万に対してわが軍は五万。まともに戦ってはとてもかなわん。そのためには……」と彼は秘かに策をねっていた。その策を成功させるにはどうしても平家は倶利伽羅峠の頂に陣を敷いてもらわねばならなかった。義仲は昼間、平家の大軍が峠のふもとの義仲軍に大挙していっせいに攻めこんでくることをもっとも恐れていた。そうさせないため、味方の小部隊を断続的に繰り出しては小競り合いを仕掛けた。平家軍は各部隊が連動することなく応じて戦っているうちに、攻撃体勢をつくれぬまま日が暮れてしまった。

「この大軍なればあすの合戦で苦もなく勝てる」という油断があったのだろう。平家は義仲の計算どおり峠の上に夜陣を置いた。このような状況をつくりだした義仲が秘かに考えていた作戦とは、それが世にいう「火牛の計」という夜襲であった。このときが義仲の生涯三一年でもっとも気力が充実していた絶頂期といえよう。

義仲は四五百頭の牛の角に松明を燃やして、平家の陣に突入させた。ふもとから駆け上がる牛の勢いに押され、平家軍は地獄谷へつぎつぎと滑落していった。「死骸岡をなせり。無慚《むざん》と云も愚也。されば彼谷の辺には、矢尻、古刀、甲鎧残り、谷に充満して今の世までも有りと聞く」と『源平盛衰記』は記す。義仲軍の勝ちどきが砺波の山々にこだまする大勝利であった。

火牛の計はフィクションなのかもしれない。これだけ派手な合戦となれば貴族の日記などにも記されるはずだが、なにもないという。とはいえ火牛の話なくして、今や倶利伽羅峠の合戦は語れない。峠の標高はせいぜい三〇〇メートルぐらいだがかなり険しい山中で、道も細く屈曲していて谷も深い。「源平倶利伽羅合戦本陣」と大きく刻まれた石柱の立つ猿ケ馬場という広場が古戦場の中心地で、一帯には合戦にまつわる後世に立てられた石碑が林立している。平家軍がつぎつぎと滑落していったという地獄谷は恐ろしいほど深い。当時その谷から流れ出す川は、兵馬や牛の血で真っ赤に染まったことから膿川《うみかわ》と名付けられたという。小矢部市教育委員会では「いまのところ、谷の発掘の予定はありません」とのことだが、地獄谷から人馬や牛の痕跡などが出土されれば一大ニュースは間違いない。

義仲は平家が背水の陣をしいた篠原の合戦（石川県小松市）でもこれを撃破、そのまま破竹の勢いで京をめざし平家を西に追い、ついに都を征圧する。まさに電光石火、雷神のごとき勢いだった。しかし、挙兵してわずか三年あまり、倶利伽羅峠の大勝から八か月、征夷大将軍・旭将軍となってわずか一〇日後、義仲は鎌倉方の軍勢に敗れ琵琶湖畔で落命する。何千年という歴史の中で、かくもドラマチックな義仲の栄光と儚《はかな》い挫折の姿に、古来多くの人びとが魅了されてきた。さらに「顔形は清《きよ》げにて美男なり」という義仲と、巴御前・山吹姫・葵御前とのひとときの愛と哀《かな》しい別れ、またただひたすら一途に義仲にすべてを捧げ殉じていった兼平や兼光らの若き武者群像の姿にも多くの人びとはとりこになった。

義仲寺にある義仲の墓〈左〉と芭蕉の墓〈滋賀県大津市〉

義仲《ぎちゅう》寺は、小さいながらたたずまいに気品を感じさせる。大津市街の狭い路地の門前に立つ枝垂れ柳がなんともすがすがしい。門前の道は旧東海道の街道筋である。

「私の遺骸は木曽塚（義仲寺）に葬ってほしい。あそこは琵琶湖のさざ波の打ち寄せる渚で、思い出深いところだから」

元禄七年（一六九四）一〇月、芭蕉はこう遺言して大坂で逝去した。弟子たちは遺骸を大津まで運び、義仲の墓の隣に葬った。境内には義仲をまつった朝日堂、芭蕉をまつった茅葺《かやぶき》・寄棟造《よせむねづくり》の翁堂、巴御前の巴塚、山吹塚などがある。そしてところ狭しと並ぶ句碑は一九基も。

芭蕉は、「木曽の情　雪や生えぬく　春の草」と義仲の純朴な情熱を賛美する句をつくって、その隣へ埋葬された。肩を寄せ合うように並ぶ二人の墓前に立てば、義仲寺を訪れた人たちもいっそう義仲への想いを深くするのではなかろうか。

木曽義高　頼朝憎し、義仲嫡子の悲劇

木曽義高（きそ・よしたか　一一七三?〜一一八四）
源平時代の武将・木曽義仲の嫡子。別に清水《しみずの》（志水）冠者《かんじゃ》義高、義基、義重ともいう。現在の松本市清水の地で誕生したといわれる。寿永二年（一一八三）、源頼朝と対立した義仲は義高を鎌倉に送ることで和議を結ぶ。しかし翌年、義仲が頼朝に討たれたことで義高の立場は悪化し、頼朝の命で誅殺された。享年一二か。

木曽義高の最期の地を埼玉県狭山市入間川に訪ねると、国道一六号線を八王子から北へ二五キロほどのところに「清水冠者源義高終焉の地」と大書された立看板を道沿いに見つけることができる。社前に鳥居と銀杏《いちょう》の木をはべらせ、清水八幡宮として、義高を祀っている。

「清水冠者源義高ってだれだ?」と、現在のドラマ・小説の主役や教科書とはほとんど無縁の義高、道行く人の多くはそんな思いで看板を見ているのではあるまいか。

寿永三年（一一八四）四月、義高はこの地で討たれ落命した。義高は松本市清水で誕生し、

木曽義高最期の地に建つ清水八幡宮〈埼玉県狭山市〉

義高産湯の水といわれる槻井泉神社の湧水〈松本市清水〉

同地の槻井泉《つきいずみ》神社の、いまも湧き出る泉を産湯の水としたので清水義高と名付けられたという。母は義仲妻室の巴御前とも、山吹姫ともいわれるが定かではない。

頼朝と義仲が平家打倒をかかげて挙兵しておよそ三年、頼朝は関東に、義仲は信濃・北陸に勢力を拡大していくうちに両者の対立がしだいに表面化した。寿永二年（一一八三）その抗争の回避策として義高が鎌倉へ行き、頼朝の娘・大姫の許婚《いいなずけ》になるという条件で和議を結ぶこととなった。実質的に義高は人質である。「和議などせず、頼朝と一戦交えるべき」との主戦論もあった。だがそうなると、平家と戦う前に源氏どうしで戦うことになる。源氏が平家を倒すために挙兵したはずではと、義仲が迷い悩んだことは想像に難くない。しかもそのとき、頼朝の兵は義仲の兵の数倍を擁していた。戦う決断は難しい。やむなく義仲は義高の鎌倉行きを決した。

旅立つ前、義高は義仲や多くの家臣の前でみごとな笠懸《かさがけ》の腕前を披露し、信州をあとにした。このとき、義高に随従したのが海野小太郎幸氏《うんのこたろうゆきうじ》である。幸氏は義仲挙兵に呼応した海野幸親《ゆきちか》の三男で、義高と同じ年ごろだった。伝承では、この日並みいる義仲軍団の猛者《もさ》の前で、幸氏もまたみごとな弓馬の術を見せたという。

かくして義高一行は鎌倉へ。だが義高も小太郎も、これがあるじ義仲との今生の別れになるとは知る由もなかった。

鎌倉に着くと、義高と大姫はすぐにうちとけ仲睦まじく、幼い兄妹のような無事平穏な日々を過ごした。大姫は義高をひどく気に入って兄のように慕った。

ところが大姫と義高の仲とは逆に、義仲と頼朝の間は険悪の一途をたどっていた。そして翌年一月、凍りつくような凶報が鎌倉に届いた。義仲が鎌倉方との合戦で討死したという。絶句する義高と幸氏。

義高の身を案じた幸氏は、ひそかに義高の鎌倉脱出をはかった。その日義高は女装して館から抜け出し逃亡、幸氏は義高になりすまして双六《すごろく》などして義高の部屋で過ごした。しかし夕刻になって、ついに義高逃亡が発覚。

ただちに四方に追っ手がかけられた。必死に逃げる義高。義高がめざしたのは故郷の信州か、それとも父・義仲の生まれ故郷の現在の埼玉県嵐山町か。嵐山町は入間川の地から北へ三〇キロほど。この地の古刹・班渓寺は義高の母といわれる山吹姫が義高の菩提を弔うために建立したと伝えられ、山吹姫の墓もある。

逃亡して五日目、義高は頼朝の命を受けた追っ手に入間川で追いつかれ、そのまま討たれてしまった。義高終焉の地から北へ一キロほどのところに「影隠地蔵《かげかくしじぞう》」が祀られている。逃げ回った義高はこの地蔵の影に隠れ一時難を逃れたとも伝わる（口絵参照）。わずか十余年の短くはかない生涯だった。

義高を失った大姫の嘆き、それは尋常でなかった。「義高様が殺された！」と、半狂乱となった大姫をなんとかなだめようと頼朝と政子は、義高を討った藤内光澄の首を差し出すようあるじの堀親家に命じた。

なんと光澄は因果を含められ切腹。光澄にとってあるじの厳命ならば、義高殺害も忠義、自刃も忠義とはいえ、あまりの哀《あわ》れの連鎖で言葉を失う。

『吾妻鏡』はこんな説明を記している。「御臺所（政子）が強憤」してどうしても光澄を斬れという。その激情を「武衛（頼朝）不能遁逃」、つまり頼朝はなだめることができず、やむなく光澄を「被處斬罪云々」と命じたという。なんと度量の狭い、情けない天下人の夫婦か。頼朝と政子の冷徹冷酷だけでない一面をわざと書き残したとでもいうのだろうか。しかし両親の思いとはまったく別に、大姫は以来生ける屍と化し、その焦燥はついに消え失せることがなかった。十数年後、ほのかな灯が消え入るように大姫は息を引き取った。

鎌倉市扇ケ谷の岩船地蔵堂は、大姫がひたすら義高の冥福を祈った守り本尊を安置するという。悲劇の大姫を思い、六角の御堂はいまも参拝者が絶えることはない。義仲滅亡後、信濃を中心に義高を奉じて大規模な義仲の弔い合戦を画策する動きがあったともいわれる。その不穏な動きを頼朝は未然に防ごうとしたともいうが、何も義高を討ち、さらに光澄まで斬罪に処さなくてもよかったろうに。義高と大姫の悲話は、後の室町時代に『御伽草子』の「しみづ物語」「清水冠者物語」などとなって広く世に知られ、涙を誘った。

ところで、幸氏はどうなったか。義高逃亡をはかった張本人として、当然断罪かとも思われたが、頼朝は幸氏を助けた。頼朝は幸氏の類いまれな弓技を惜しんだのか、大姫の姿を見てさらなる酷なことはできなかったのか、それとも名族の海野家の滅亡を惜しんだのか。

大姫の守り本尊を安置する岩船地蔵堂〈神奈川県鎌倉市扇ケ谷〉

海野一族は東信濃の有力豪族で、棟梁たる幸親、長兄の幸広とともに義仲の旗挙げに一族で呼応した。だが幸広は、入洛後の寿永二年（一一八三）、備中水島の合戦で平氏と戦い討死、幸親は義仲とともに琵琶湖畔に散った。次兄の幸長は出家した大夫房覚明ともいわれ、海野家を継ぐ者は三男の幸氏しかいなかったのである。命を助けられた幸氏は、その後頼朝の側近として、幕府の御家人として成長していった。

常楽寺にある義高の墓〈神奈川県鎌倉市大船〉

鎌倉市の西のはずれ大船の常楽寺に義高の墓はある。墓塔は木曽塚とよばれる寺の裏の小高い丘にポツンと立っている。

正岡子規はここに立ち、次のような句を残した。

ひぐらしや　木曽塚ここに　杉木立

佐々木高綱　松本の中学校名にその名を残す

佐々木高綱（ささき・たかつな　一一六〇～一二二一？）
源平時代の武将。近江の豪族・佐々木秀義の四男。治承四年（一一八〇）の源頼朝の旗挙げに兄三人とともに参陣。木曽義仲軍との宇治川の合戦では名馬・生食《いけづき》を駆け、一番乗りして勇名を馳せる。その後突如出家。親鸞の弟子となり信州での布教活動に専念。法名・了智上人《りようちしようにん》。松本市島立の正行寺を開基する。

宇治川の合戦は絵巻物を見るような名場面で古来世に知られる。名馬・生食《いけづき》に騎乗した佐々木高綱と、黒い駿馬・磨墨《するすみ》を操る梶原景季《かげすえ》。両将が激流を横切っての熾烈な先陣争いを繰り広げた合戦である。二人とも頼朝から拝領した名馬だけに負けるわけにはいかなかった。

時は寿永三年（一一八四）正月、ところは京都・宇治川。川をはさんで、鎌倉・頼朝方と義仲方の軍勢がにらみ合って対陣。合戦は鎌倉方の騎馬武者が我先にと川に乗り入れ火蓋が切られた。その先頭での高綱と景季の懸命の先陣争いであった。

「景季殿、馬の腹帯がゆるんでおりまする。危のうござる」

「高綱殿、川底に張られた大綱にお気を配られませ」

『平家物語』が描く、虚虚実実ともいうべき両者の駆け引きが絡み合った先陣争いは、わずかにはやく高綱が向こう岸に乗り上げた。

「一番乗りは、われこそ、佐々木四郎高綱なり！」

宇治川先陣の石碑〈京都府宇治市〉

高綱は大音声を発して敵陣へ突っこむ。続いて景季。さらに鎌倉方の軍勢が次々と渡河して大攻勢をかけ、合戦は鎌倉方の大勝利となった。一番乗りした高綱の名声はあがった。高綱二十代半ば、凛々《りり》しい若武者だった。

戦場は、平等院鳳凰堂近くの宇治川周辺。今も観光客が引きも切らない中州の橘島に、「宇治川先陣之碑」が立ち、高綱・景季の武勇を称えている。鎌倉方の総大将・義経の名も、この合戦では高綱・景季の後塵《こうじん》を拝しているといってよい。

高綱は頼朝の旗挙げに真っ先に参陣した。また石橋山の敗戦では殿軍《しんがり》をつとめ頼朝を守るなど、一連の軍功は御家人の中でも抜群だった。高綱はのちに長門・備前国の守護職に任命されるなど、西国各地に所領を与えられ、頼朝の信頼が厚い御家人の一人だった。その高綱が、建久六年（一一九五）、家督を子に譲って突然高野山にて出家した。天下に鳴り響いた勇将・高綱に、いったい何があったのか。

信州・松本平のほぼ中央に位置する松本市島立。肥沃な田園が広がり、東西の山並みが悠々と望める一帯。その島立南栗に、高さ二メートルを越す巨大な自然石の「了智上人《りょうちしょうにん》」と刻まれた墓塔が立っている。周囲に赤松の巨木などが立ち並び、立派な観音堂を有した墓域である。この了智上人こそ佐々木高綱の法名であり、ここが高綱の墓所とされている。

了智上人（佐々木高綱）の墓〈松本市島立〉

そして高綱・了智上人の開基した正行寺は、東へすぐのところ。佐々木秀甫住職に話を聞いた。

「私が二七代目の高綱公の子孫になります。高綱公がなぜ出家したか、私はこう思っています。高綱公の残した言葉に、『世の有様を観ずるに、小人時を得て、讒者《ざんしゃ》世にはばかる。富貴は浮雲のごとく…』とあります。つまり武将として勲功を挙げれば挙げるほど、殺生に入っていく。恩賞は増えるが周囲からねたまれ、告げ口・陰口は絶えない。高綱公は結局それらを嫌って出家を決断したのではないかと思います」

「正行寺由緒書」には高綱は出家後、当時越後にいた親鸞上人を訪ね師弟関係を結び、法名・了智を名乗った。親鸞は、高綱の一族縁者が信州の現在の松本市島立周辺に居住していたことから信濃の布教活動を了智に任せた、と記している。

松本市立高綱中学校正門〈松本市島立〉

正行寺近くの松本市立高綱中学校。同中学校の『学校要覧』の中の「校名の由来」によると、昭和二八年（一九五三）、学校設立にあたり校名を付ける際、地元の人びとのアンケートで「高綱」の希望がもっとも多かったことから名付けられたという。武将・高綱は一介の僧・了智となり、この地の民衆とともに歩み、汗を流し、民を助けたのである。その功績は八〇〇年の時を経て語り継がれ、感謝の気持ちが中学校名となって残った。地元では校名を誇り、そのいわれを未来に伝えていってほしいものである。

源平の時代、武将の名声を捨て出家したのは高綱ばかりではなかった。「天下一の剛の者」と頼朝から讃えられた猛将・熊谷直実《くまがいなおざね》は出家して、蓮生《れんしょう》と名乗り各地に寺を開基した。屋島の合戦で扇の的を射った弓の達人・那須与一も仏門に入って源蓮と称し、戦死者を弔う旅を続けたという。源平の争乱は未曾有の全国的な規模の戦乱だった。戦うのは源平だけでなく、源氏どうし・肉親どうしでも争うというやるせない合戦も展開された。その虚しさ、非情さに心を痛めた武将は高綱のみならず少なくなかったのだ。

ちなみに、明治時代の陸軍元帥・乃木希典は、高綱が長門国の守護職在任中の子孫と称し、わざわざ信州まで数回墓参に足を運んでいる。現在も乃木が寄進した石灯籠が墓前にたたずみ、乃木の墓塔が高綱の墓所から数十メートルほどの近くに分骨して立てられている。よほど高綱に対する祖先尊崇の念が強かったに違いない。

熊谷直実　長野市仏導寺に残る悲しき伝承

熊谷直実（くまがい・なおざね　1141～1207）
源平～鎌倉時代の武蔵国《むさしのくに》の武将。当初源義朝に、次いで平家に仕える。石橋山の戦い以後は頼朝に臣従、佐竹攻め・宇治川の合戦などで活躍。しかし、一の谷の合戦で若き敵将・平敦盛《たいらのあつもり》を討ったことを悔い仏門に入り法然の弟子となる。法名・蓮生《れんしょう》。各地に寺を開基。建永二年（一二〇七）没。享年六七。

「そこな公達《きんだち》、返させたまえ、返させたまえ」直実は扇をかざして大声でよびかけた。沖の船に向かって馬を操るきらびやかな甲冑《かっちゅう》の武者を見かけ「戻りて、いざ、この直実と闘わん」と。『平家物語』の名場面の一つである。

ときは寿永三年（一一八四）二月、ところは播磨国（兵庫県）須磨海岸一の谷。合戦に敗れた平家方の将兵が沖の船に逃げる中、やや遅れていく武者がいた。

この合戦であまり功を挙げていなかった直実は、「これはよき敵を見つけた」と、気負いこんでよびかけ勝負を挑んだ。敵は甲冑姿からして、かなり身分の高い武者とみた。その武者は直実に応じて手綱を引き馬首を向け、海岸に戻ってきた。両者激しく斬り合い、ついに組み打ちに。

しかし、直実は「日本一の剛の者」と頼朝が絶賛する名高い荒武者。かつて都の相撲大会では一〇人ほど投げ飛ばした怪力の持ち主、腕力が違った。たちまち相手を組み伏せ、いざ首討たんと刀を抜いて顔を見ると、容顔まことに美麗なうら若き武将ではないか。息子の小次郎とほぼ同じ年か。

逡巡《しゅんじゅん》する直実。覚悟を決めた若武者は、「疾《と》う疾う（さっさと、の意）首をとれ」とせかす。なんとか見逃してやりたかった。しかし、味方の兵がしだいにあちこちから寄ってくる。ためらうもののもう助けることなどできない。ついに首に刃をたてた。

直実が手にかけたその若武者は、平経盛《つねもり》（清盛弟）の一子・敦盛《あつもり》であった。

「ああ、一七の歳とは。息子の小次郎直家と同い年か」

しかもかつて直実は平氏に仕えていたころ、経盛に厚い恩義を受けていた。

「なんという因果な、取り返しのつかぬことを。経盛殿はわが子討死と聞いてどれほど嘆かれることか。いかに敵味方とはいえ……」

直実は迷い悩んだ。そして自分の悔恨の情を連綿としたため、敦盛の首級と、敦盛の腰に差されていた「小枝《さえだ》の笛」に書状を添え経盛に送った。これが世にいう『熊谷状』である。「落涙しながら御頸を給はり畢《おわ》んぬ。恨めし哉、痛ましき哉……」と、直実の心情がしたためられている。ちなみにこの熊谷状に対して、直実の誠意に深く感謝した『経盛返状』もまた有名である。

合戦で人を討ち手柄をたてて出世する。これは、もののふとして当然の道なれども、ふと立ち止まればこれほど虚しいことはない。

直実は敦盛の腰に笛が差してあったのを見つけ、「坂東武者数多あれど、戦陣に笛を持つ者、風雅な心得の者はなし。惜しい公達《きんだち》を討ってしまった」と嘆いた。そして悔いに悔いた心情から、「これからは死んだ者を弔い供養して、人を救おう、助けよう」という道に傾いていったという。

熊谷直実、ときに四四歳。真の猛将なるがゆえに真の優しさを持った男だった。そんな直実を慕って、出身地の埼玉県熊谷市民はＪＲ熊谷駅前に威風堂々たる直実の騎馬像を立て、郷土の誇りとして多くの小学校で『直実節』を機会あるごとに歌うというのだ。その歌詞の一節はこうである。

敦盛を呼びとめる熊谷直実騎馬像〈埼玉県熊谷市〉

一の谷古戦場の敦盛塚〈兵庫県神戸市須磨海岸〉

智勇兼備の将なれば　敦盛公の首討ちかねて
無常の嵐胸を打つ　いまは栄位もなにかせん
あまねく人を救わんと　その名も熊谷蓮生房《れんしょうぼう》

一方、一の谷古戦場の敦盛塚。高さ四メートル近い五輪の墓塔にはいささか圧倒される。敦盛の可憐なイメージとマッチしないその巨大さは、敦盛を慕う後世の人びとの思いの表れといえようか。

敦盛は、平経盛の末子で、当時官職についていなかったため「無官太夫」とよばれていた。若いにもかかわらず笛の名手で、祖父忠盛が鳥羽院より賜った名笛小枝を腰に携え、合戦前夜に奏でていた笛の音は敵味方の陣中の武者たちの心を癒していた。もちろん直実も聞きほれていた。その若き武者の首を直実は討ってしまった。

直実が仏門に入った時期は定かではない。浄土宗開祖の法然の弟子となり、法力房蓮生の名を賜った。直実にとって法然は欽仰《きんぎょう》すべき師で、忠実なる弟子であった。直実は師から勧められた一日六万遍の念仏を生涯守り通したという。また、あるとき直実は、法然がもし法論で敗れた場合、師を守り相手を討たんと袖の中に鉈《なた》を隠し持って控えていた。後に師は強く直実を戒めたという逸話も残っている。

僧として直実はきわめて実直で、法然はのちに直実を「坂東の阿弥陀仏・蓮生」と称したほどであった。蓮生は高野山で敦盛の七回忌法要を盛大に催し、また各地に数多くの寺を開基した。法然の生誕地・岡山県久米南町の誕生寺、静岡県藤枝市には蓮生寺、京都に法然寺、光明寺…、そして信州・長野市若里の熊谷山仏導寺などである。

蓮生が善光寺で修行中のころの伝承が残っている。武蔵国熊谷の地に残した娘の玉鶴姫は、父を訪ねて碓氷峠を越え信州の地へやってきた。しかし、善光寺へもう少しの川中島あたりに着いたところ、重い病にかかり動けなくなってしまった。そこに突然あらわれた善光寺如来の導きにより、父と娘は再会を果たすことができた。しかし、それは玉鶴姫の臨終のときだった。蓮生はわが娘を哀《あわ》れみ、樹を植えて塚を築き、玉鶴姫のために仏導寺という寺を開基した。『仏導寺縁起』が伝える哀《かな》しい伝承である。

長野市若里の信州大学工学部キャンパス西側に、樹齢数百年のケヤキの巨木がそびえ立っ

直実の娘・玉鶴姫を祀る姫塚〈長野市若里〉

ている。その樹下の小さな五輪塔が玉鶴姫を祀った姫塚である。近くの仏導寺にはかわいい玉鶴姫の木像も安置されている。

後世の人びとは直実と敦盛の逸話を花にたとえ、その名を今日まで、いや永遠に伝えてくれた。直実の熱情と優しさをあらわしたクマガイ草、敦盛の可憐さと哀しさをイメージしたアツモリ草、なんというすばらしい史話の伝承であろうか。

梶原景時

下諏訪町に残る「悪役」ではない証左

梶原景時（かじわら・かげとき　一一四〇?～一二〇〇）
源平～鎌倉時代の武将。源頼朝の旗挙げの際には平家方に属したが、その後は頼朝に仕える。源氏方の武将として平家との各合戦に従軍、活躍する。しだいに頼朝の信頼を得て幕府の要職につく。小説・ドラマなどでは源義経と対立、頼朝に讒言《ざんげん》するなど、怜悧《れいり》な人物として描かれることが多い。正治二年（一二〇〇）、幕府から追放され、駿河で一族とともに敗死。

梶原景時《かげとき》といえば昔から憎まれ役、悪役の武将である。あの戦《いくさ》の天才・牛若丸こと源九郎義経を「猪武者」とあざけり、平家討滅戦の活躍を、兄の頼朝に讒言《ざんげん》して兄弟不和・対立の原因をつくったという。さらに有力御家人の平上総介広常《かずさのすけひろつね》を謀反ありと決めつけ、すごろく遊びに誘って謀殺した。

なるほど、冷酷で悪いやつとイメージされるのはある意味当然である。ところがそんな悪人・景時を祀る「梶原塚」が、下諏訪町に残っている。景時は相模の武将、いったいどうい

金刺盛澄騎馬像〈下諏訪町諏訪大社秋宮境内〉

梶原塚〈下諏訪町菅野〉

うことなのか。
下諏訪町の諏訪大社・下社秋宮は、勇壮な諏訪の御柱祭で全国にその名を知られる。七年に一度の大祭では境内が人で埋め尽くされ、ふだんでも多くの参拝者が行き交う。しかし、下社秋宮の南に隣接する山王閣ホテルの駐車場中央に立つ凛々《りり》しい騎馬像をいったい何人の人が見るだろうか。満月のごとく弓を引きしぼった騎馬武者は、源平時代の弓の達人・金刺盛澄《かなさしもりずみ》である。

盛澄は諏訪大社の大祝《おおほうり》（神職）であり、諏訪一帯を支配した有力な武将でもあった。木曽義仲の平氏打倒の旗挙げに、盛澄はただちに参じた。義仲がこのうえなく喜んだことはいうまでもない。義仲重臣の手塚光盛は盛澄の弟であり、義仲の妻室といわれる山吹姫は盛澄の娘ともいわれる。この盛澄によって景時を祀る梶原塚がつくられたというのだ。

盛澄騎馬像から数百メートルほど西、国道二〇号線沿いのこじんまりとした塚。いかにも諏訪らしく、四本の木柱が自然石に梶原塚と刻んだ石碑を囲み、薄紅色のサツキが植えられている。塚は八〇〇年もの長い間、何度かこの周辺で場所を移したが、そのつど地元の人びとが保存修補してきたのである。

義仲の家臣・盛澄と、頼朝の家臣・景時は、敵味方のはず。その盛澄はなぜ景時を祀る塚をつくったのか。

盛澄は義仲が上洛の軍を北陸道へ進めるとき、諏訪大社の神事があって無念にも従軍できず、諏訪にとどまっていた。弟の手塚光盛のみが義仲に随従した。その後、義仲軍は京に入り平家を西に追った。ところがまもなくして義仲と頼朝の対立が合戦となり、義仲は敗れて多くの家臣とともに討死、弟の光盛もまた散った。諏訪に残っていた盛澄も召し捕られ、鎌倉に連行され、景時の屋敷に預けられた。斬首が大方の予想であった。

しかし、景時は、「弓馬の力量、神に通じける」といわれるほどの盛澄の弓技を惜しみ、鶴岡八幡宮の流鏑馬《やぶさめ》の神事の射手として、頼朝に強く推挙した。しかし、頼朝はなかなか首をたてにふらない。やっと許しが出たものの、与えられた馬はひどい暴れ馬、しかも八つの的をすべて射抜けという。

その流鏑馬の日。景時の憂いをよそに、なんと盛澄はみごと暴れ馬を乗りこなし、すべての的を射ぬいた。ところが頼朝はさらに、「的をはさんであった細い串も射よ」という難題を押し付けてきた。しかし、盛澄はこれもことごとく射落とした。驚嘆した頼朝は、「たちまちに厚免仰せられる」（『吾妻鏡』）、すなわち即座に盛澄の命を助け、また郎党たちにも故郷・諏訪への帰国を許した。盛澄が景時に深く感謝したことはいうまでもない。

ところがそれから数年後、頼朝が死去すると有力御家人間の対立が表面化、景時は幕府から追放され駿河にて一族とともに戦死した。その悲報を聞いた盛澄は、命の恩人ともいえる景時の人徳を尊び恩義に報いるため、地元の諏訪に塚をつくり太刀を納めて祀った。これが梶原塚となったのである。

景時に命を助けられたのは盛澄ばかりではない。頼朝が石橋山の大敗で絶体絶命の窮地に追いこまれたとき、機転をきかして隠れていた洞穴から救ったのは景時であるという。また、景時の実務能力は卓抜していた。宇治川の合戦後の景時の報告には、義仲の討ち取られた場所、様子、敵方の武将の死者などをこと細かに記してあり、頼朝はその冷静な判断に感服しきりだったという。

総合的にみれば「景時＝悪人」のレッテルは片寄った見方といえよう。だが景時は主君・

頼朝にも、また幕府侍所の任務にも、極度に忠実過ぎたのかもしれない。

頼朝が急逝してまもなく、些細なことから景時が指弾されると、またたく間に六六人もの御家人の名を連ねた景時弾劾《だんがい》の連判状がつくられたという。日ごろから景時を恨み、毛嫌いしていた御家人は多かったのだ。将軍の頼家は連判状への釈明を求めたが、景時はいっさい抗弁・反論をせず引き下がったという。観念したともいえるが、景時の潔さのあらわれでもあろう。

信州からも鎌倉からも遠い静岡市葵区の梶原山公園。なだらかな山の頂から富士山、駿河湾、清水港、遠くに伊豆半島まで望める地の山の中腹に「梶原景時終焉之地」の石碑が立っている。幕府から追放処分された景時は一族三三人を引き連れて鎌倉をあとにした。身の危険を感じ、都での再起をはかったともいわれる。しかし、幕府の命を受けたこの地の御家人らに襲撃され、一族全員ここで滅んだ。景時は享年六〇か。頼朝を石橋山で助け、幕府侍所長官として頼朝に身命を賭して仕えた景時だったが、頼朝がこの世を去ったときに景時の使命もすべて終わったというべきかもしれない。

梶原山公園の「梶原景時終焉之地」碑
〈静岡市葵区〉

源頼朝

善光寺周辺に多くの足跡を残した天下人

源頼朝（みなもとのよりとも　一一四七〜一一九九）
平安時代末期〜鎌倉時代初期の武将・政治家。平治の乱で初陣するも捕縛《ほばく》され伊豆へ配流となる。治承四年（一一八〇）、平氏打倒をかかげて挙兵。石橋山の合戦では敗れたが、のちに劣勢を挽回。鎌倉を本拠として木曽義仲、平氏を滅ぼす。文治元年（一一八五）には諸国に守護・地頭を設置。その後、奥州藤原氏と弟・義経を滅ぼし、建久三年（一一九二）、征夷大将軍に就任、初の武家政権を樹立する。享年五三。

建久八年（一一九七）三月、頼朝は多くの御家人を供奉《ぐぶ》して信濃善光寺参詣に向け鎌倉を出立した。征夷大将軍の座に就いて五年、天下人・頼朝を世に示す一大デモンストレーションといえた。現在の長野市中御所の地名は、この参詣の折に頼朝が逗留したことに由来するという。当時、頼朝は鎌倉にて御所様とよばれていた。

中御所の古刹・観音寺の本尊は、頼朝の守り仏・髻《もとどり》馬頭観音菩薩という。「観音寺縁起」

「髻馬頭観世音」とある観音寺門前〈長野市中御所〉

によれば、この善光寺の地に来たとき、頼朝が幼いころから常に髻の中に入れ置いた観音から、「ここに留まりて、末世の衆生を化度（救うの意）せん」とのお告げがあり、よって頼朝はこれを本尊とする観音寺をこの地に開基したという。

　善光寺周辺には頼朝にまつわる寺が多い。参道沿いの十念寺も頼朝の開基で、頼朝がここを通ると阿弥陀如来が現われ、頼朝に十遍の念仏を直接授けたという。また善光寺の西へ二キロほど行くと、静寂の中に茂菅《もすげ》の静松《じょうしょう》寺がある。この寺は平安前期、頼朝坊《らいちょう》智盛《ちせい》法師の開山という。それを知った頼朝は「頼朝坊こそわが前生」と喜び、寺の名を頼朝山法性浄院静松寺と名付け、一帯の山を頼朝山として寄進したという。

　また、参詣者でにぎわう仲見世通りから善光寺山門に向かう参道の小さな石橋は、駒留め橋と名付けられている。頼朝の馬がここに差しかかったとき、馬の蹄《ひづめ》が石の穴にはさまって動けなくなった。よって頼朝はここから下馬して参詣したと伝えられている。

善光寺から西へおよそ一五キロ、上水内郡小川村の古刹・高山寺は、長野市と白馬村を東西に結ぶ通称オリンピック道路から、北に少し外れた標高八〇〇メートルの地にある。北アルプス連山を遠望する絶景の地としても名高いところだ。境内にそびえる高さおよそ二〇メートルの佳麗な三重塔は、頼朝の創建という。頼朝はかつて滅ぼした義仲が支配した信濃の山里にまで細やかに気をつかって立派な塔を建立していたのである。それはまた自らの非情さを懺悔《ざんげ》する頼朝の真の心情だったのだろうか。

頼朝山の山頂から長野市街を望む〈長野市茂菅〉

静岡県伊豆の国市に、頼朝配流の地として史跡になっている蛭ケ小島がある。当時は近くを流れる狩野川の中州の小島だったともいう。いまは静かな田園地帯の中の蛭ケ小島史跡公園となり、頼朝・政子像が立っている。

平治の乱で父・義朝と兄二人を亡くしたとき、頼朝は一三歳だった。殺すにはあまりにいたいけないとの継母（清盛の父忠盛の後妻）・池禅尼《いけのぜんに》の助命懇願に清盛もついに折れ、頼朝

頼朝配流の地・蛭ケ小島〈静岡県伊豆の国市土手和田〉

は斬首されず伊豆へ流された。

以来、挙兵するまで二〇余年の長き歳月を頼朝はここで過ごした。暮らしはある程度自由でひたすら父や兄の菩提を弔う日々だったとはいえ、仕える者もほとんどなく、常に平氏の監視下に置かれていた。その境遇に耐え忍んで生き抜いた頼朝の強靭な精神力は驚嘆に値する。

治承四年（一一八〇）、三四歳の年、頼朝は北条氏の援護を受け平氏打倒をかかげ挙兵。山木館襲撃は成功したが石橋山の合戦で惨敗し、箱根連山の土肥の山中を頼朝はネズミのように這って逃げ回った。もはやこれまでと死を覚悟する寸前のところで、梶原景時《かげとき》の才覚で窮地を脱したと伝えられる。そしてほうほうの体で真鶴岬から小舟に乗りこみ安房《あわ》へ逃亡した。

その後、艱苦《かんく》は実り、坂東の武士団を味方につけ頼朝は鎌倉に本拠を構え形勢を挽回する。そしてついに平氏を、ついで奥州の藤原氏を滅ぼして天下人への道を登りつめる。しかし、この間二〇余年の際限ない相克・抗争の連続は、頼朝の心情に粒々辛苦《りゅうりゅうしんく》を強いた。さらにまた平氏を都から追った木曽義仲とその子義高を討ち、平氏を滅ぼした大功ある範頼、義経の弟たちを葬り、功臣・上総介広常《かずさのすけひろつね》まで惨殺。

「なんたる非情さ」「いや、その冷酷さあってこその天下人よ」という、ちまたの声を頼朝が感じぬはずはない。

よって頼朝は天下人としての武威を示すと同時に、当時坂東甲信一帯の武士たちが深く帰依していた善光寺を特段に厚く信仰する姿を大々的に示したと思われる。とくにかつては義仲の地盤で支持者も多かった信州の御家人の心を和らげんと気を配ったのではなかろうか。

善光寺参詣から二年後に頼朝は逝去する。享年五三。

北条国時　「信州の鎌倉」から鎌倉へ出陣

北条国時（ほうじょう・くにとき　?～一三三三）
鎌倉時代後期の武将・政治家。執権北条家の一門で二代執権義時の曽孫にあたる。別名塩田国時。幕府で連署をつとめた父・義政が塩田平（上田市前山・手塚一帯）に居を構え、国時は塩田流北条氏二代目当主となる。この間、塩田の地に文化・学問を普及させたことが、「信州の鎌倉」とよばれる所以《ゆえん》となった。しかし、元弘三年（正慶二年・一三三三）、鎌倉攻防戦に馳せ参ずるもおよばず、北条宗家の高時らとともに敗死。

塩田平は、のどかで静かな田園地帯である。独特な山容の独鈷山《とっこさん》の山麓からは、北へなだらかに広がる塩田平を一望できる。その平を縫うように上田市街と別所温泉を結ぶ上田電鉄が走っている。

一帯は源平の昔、義仲の家臣で、斎藤実盛《さねもり》を討った手塚光盛の支配地だったといわれ、ゆかりの史跡が多い。また古色蒼然たる寺社が多く、訪ねた人の心をなごませてくれる。

国時が建立した龍光院〈上田市前山〉

優美な重要文化財の三重塔を誇る前山寺《ぜんさんじ》から山麓を西へ歩を運ぶと、龍光院、珍しい二階建ての拝殿を持つ塩野神社、重要文化財の薬師堂・薬師如来を有する中禅寺と、深い樹木の中に古刹が立ち並んでいる。

さらに西へ数キロの別所温泉へ足をのばせば、国時が再建に尽力したという北向観音堂、父・義政が建立したと伝えられる国宝・八角三重塔を持つ安楽寺、そして常楽寺。まさに一帯は「信州の鎌倉」といわれる様相で、当時は鎌倉の街へつながる鎌倉道が整備されていたといい、推定される鎌倉道の標柱がそこここに立っている。

国時は義政の跡を継ぎ、幕府の引付頭人の職をつとめたのち、塩田に居住した。義政の代からおよそ五〇年間、国時は高僧をこの地に招くなどして自らも学び学問を広め、多くの学僧を育てた。京都南禅寺を開山した臨済宗の高僧・無関普門《むかんふもん》は高井郡井上氏の出身で、若きころに塩田で修行に励んだという。

塩田城跡の北条国時の墓〈上田市前山〉

国時の塩田の地への執心は深く、門前に樹齢数百年のケヤキの巨木が立つ龍光院は、国時が父の菩提を弔うために建立した寺院である。本堂の大屋根に北条家紋所の三鱗が浮かび、境内には義政の墓がある。

寺のすぐ東は塩田城址で、主郭跡に国時の墓塔が鎮座している。城の虎口付近にはところ狭しと紫陽花《あじさい》が咲き、ここから主郭跡までたどる登り道はきつい。「史跡北条陸奥守国時之墓」の標柱が立てられている供養塔は、江戸時代の建立という。塩田城は戦国時代の武田信玄と地元の村上義清との争奪戦でよく知られるが、もともとは塩田北条氏の居館跡だった。

豊かな自然に包まれながら、学問にいそしんでいた国時のもとに鎌倉一大事の報がもたらされたのは元弘三年（正慶二年・一三三三）春のことだった。新田義貞が大軍を率いて鎌倉攻めに向かっているというのだ。ただちに国時は嫡男・俊時はじめ手勢を従えて鎌倉防御へ急行した。まさに「いざ、鎌倉」の出陣であった。

東勝寺跡に残る「腹切りやぐら」〈神奈川県鎌倉市小町〉

北向観音堂の本坊となる常楽寺に国時の肖像彫刻が残されている。高さ二〇センチほどの木像は、静かに目を閉じた剃髪《ていはつ》の鎧《よろい》姿で胸板に北条家の三鱗紋が刻まれている。当時、国時は塩田陸奥入道とも称していた。「鎌倉出陣にあたって、死を覚悟した国時公が自ら彫った像と伝えられています」と住職はいう。

鎌倉へと馳せ参ずる途中、国時は北条泰家（北条高時弟）と合流して武蔵国・関戸（東京都多摩市）で新田勢を迎え討った。しかし、分倍河原（東京都府中市）の戦いで北条方に大勝して怒涛《どとう》のごとく攻め寄せる新田勢の勢いに国時らはじりじりと押され、鎌倉に敗走せざるを得なかった。鎌倉に入ったものの、北条家当主・高時以下一門一党八〇〇〇余人は、ついに東勝寺（鎌倉市小町）に追いつめられ、炎の中で全員自害する。

かくして鎌倉幕府・北条一門は滅亡した。国時と一子・俊時もここで一門として死を迎えた。その最期を『太平記』は「塩田父子自害事」の一章を設け、哀切な姿を描いている。俊時が自害すると、国時は息子の屍《しかばね》の前で読経を始めた。しかし、敵方の来襲は早く、読経半ばにして国時は経を左の手に握り、右の手で刀を抜き腹十文字に掻き切って落命した。

東勝寺跡は、現在の宝戒寺（鎌倉市小町）の裏手に草地となって、今は寺の跡形もない。萩の寺として知られる宝戒寺は、北条氏が代々館を構えていた地に、足利氏により北条一門の菩提を弔うために建立された。

山ぎわに掘られた洞穴は「腹切りやぐら」とよばれ、北条一族の遺体が処理され弔われたところという。

北条時行　諏訪に逃れてのち、生涯反足利を貫く

北条時行（ほうじょう・ときゆき　一三二六?～一三五三）
鎌倉時代末期～南北朝時代の武将。鎌倉幕府一四代執権北条高時の次男。幼名・亀寿丸。元弘三年（正慶二年・一三三三）鎌倉・東勝寺にて北条一族が自刃した際、脱出して信州へ落ちのびる。二年後、諏訪頼重らに擁立され挙兵、一時は鎌倉を奪還。しかし、足利氏に反撃され敗北、頼重は自刃。時行はその後、反足利勢力と結んで戦うも敗れ、斬首される。享年二七か。

真田信繁（幸村）、宮本武蔵、大石内蔵助……、これら超有名な歴史上の人物は教科書に載らずとも、まず知らない人はいない。ところが北条時行はまったく逆。その名が載らない教科書はまずないというのに、北条時行を知らない人がほとんどであろう。そして波乱に満ちた生涯だったにもかかわらず小説・ドラマとはほとんど無縁、生年・人物像・墓所などもよくわかっていないのである。

茅野市宮川の諏訪大社上社前宮。大きな鳥居を抜けて石段へ進み坂道をまっすぐ上って行

諏訪頼重供養塔〈茅野市諏訪大社上社前宮境内〉

くとおごそかな社殿に至る。その途中、社殿への坂道の右手小道に、簡素な屋根に守られた諏訪頼重供養塔がひっそりと立っている。

諏訪頼重といえば同姓同名で、武田信玄に滅ぼされた諏訪・上原城主はよく知られるが、戦国時代よりさらに二〇〇年前の諏訪頼重は無名に近い。だがこの頼重こそ、信州に落ちのびてきた北条時行の最大の支援者であった。

ときの執権・北条高時は、自刃する直前に次男亀寿丸（時行の幼名）を、そば近くに仕えていた御内人《みうちびと》・諏訪盛高に託した。盛高は亀寿丸の手を引き、炎燃えさかる東勝寺を脱出、信州諏訪へ逃れた。その盛高の子が頼重である。諏訪大社の大祝《おおほうり》（神職）をつとめ、諏訪一帯の武士をたばねる武家の棟梁であった。また諏訪家は北条宗家に仕える御内人として幕府内に隠然たる勢力を有していた。時行はその諏訪家にかくまわれたのである。

鎌倉幕府が滅びて建武の新政の時代となったが、後醍醐天皇と足利尊氏の対立がしだいに表面化し政局は不穏だった。そんな情勢をみて頼重は、時行を奉じての北条家の再興を図ったのである。

建武二年（一三三五）七月、時行と頼重は、「鎌倉の足利を倒し、ふたたび北条の旗を打ち立てん」と挙兵。北信濃の保科氏、東信濃の滋野氏らの支持勢力を糾合し、府中（松本）を襲撃して国司を打倒。気勢を上げた時行軍は上野国《こうずけのくに》から武蔵国へ進軍、つぎつぎと足利方の勢力を撃破、まさに燎原《りょうげん》の火のごとき勢いだった。

武蔵・井出の沢の合戦は挙兵後最大の合戦で、足利直義《ただよし》（尊氏の弟）軍と全面衝突となり、激しい戦闘の末これを討ち破ったのである。東京都町田市本町田の緑の木々に覆われた菅原神社一帯が井出の沢古戦場という。いまは人家が立ち並び古戦場の面影はないが、かつての武蔵野の鎌倉古道に沿った、鎌倉まで二十数キロのあたりである。鬱蒼《うっそう》とした境内の片隅に古戦場を示す碑が立つ。時行・頼重一世一代の大勝利の記念碑といえよう。

菅原神社の「井出の澤」古戦場碑〈東京都町田市本町田〉

かくして足利軍を撃破した時行と頼重は、二年ぶりに鎌倉を奪還した。しかし、主従抱き合わんばかりの喜びは束の間、西へ逃げる直義を駿河まで追撃したが、都から直義の救援に駆けつけた尊氏と直義が連合すると情勢は一変、反撃される。箱根、相模川などの戦いで大敗して鎌倉へ押し戻され、頼重は鎌倉・勝長寿院に追いつめられ自刃、時行はまたも鎌倉から逃亡。

この間、時行の鎌倉占拠は二〇日間、まさにあっという間の転変劇だった。時行は先代（北条氏）と後代（足利氏）の間の一時的支配者だったことから、これを「中先代の乱」とよんでいる。なお後醍醐天皇の皇子・護良《もりよし》親王が鎌倉にて殺されたのはこの戦乱の最中であった。教科書では、中先代の乱を尊氏が後醍醐天皇と決別するきっかけととらえ、「幕府の再建をめざしていた尊氏は、北条高時の子・時行が起こした中先代の乱を機にその討伐のため関東に下り、新政権に反旗をひるがえした」と記述する。

鎌倉を逃れたあとの時行は各地を流転しながら、ふたたび足利に挑む模索を続けた。二年後、時行はなんと、かつて北条を滅ぼした仇敵勢力の中心的存在・後醍醐天皇に帰順し、南朝方となる。時行は天皇にこう奏上している。わが父・高時の滅亡は自ら招いた罪の報いで、私は天皇に対して「一塵も君を恨み申す処」はない。よって天皇の命令あらば、いつでも「朝敵誅罰の計略を廻し、宜く官軍の義戦を扶けん」（『太平記』）と。

時行の尊氏・直義への恨みは骨髄に達していた感がある。その年、時行は奥州から南下した南朝方の北畠顕家《あきいえ》軍と合流して足利方と戦っている。だが足利方の勢力も強く、南朝方も

鎌倉龍ノ口処刑場跡〈神奈川県藤沢市〉

思うに任せなかった。

正平六年（観応二年・一三五一）、尊氏・直義兄弟両派の紛争（いわゆる観応《かんのう》の擾乱《じょうらん》）は、足利勢力が分裂・衰退して、時行にとって挽回する千載一遇の好機だった。時行は鎌倉の北条を直接滅ぼした新田義貞の子・義興とも手を組み、尊氏と戦い、一時はまたも鎌倉を奪還するほどだった。時行はここでもかつての仇敵と組み、打倒足利に執念を燃やした。しかし、尊氏の強固にしてしぶとい壁を打ち破れず、反撃されて敗退する。時行はついに捕えられて鎌倉龍ノ口処刑場（藤沢市龍口寺境内）で斬首されたといわれる。

信州で挙兵して以来一八年、時行の生涯は最後まで反足利を貫き通した。しかし、残念ながら時行の人物像を伝えるものはなにもなく、かつての仇敵と結んでまで足利を倒さんとした時行の一念を知る術はない。目の前を江ノ電が走る龍ノ口処刑場跡には、時行の墓塔も供養塔もない。

宗良親王　大鹿村を拠点に、南朝一途に戦い抜く

宗良親王（むねよし〈むねなが〉しんのう　一三一一～一三八五）
鎌倉時代末期～南北朝時代の皇族・武将。後醍醐天皇の皇子。後村上天皇の兄。別名信濃宮。当初は天台座主だったが、天皇と足利尊氏の対立が激化すると還俗《げんぞく》し、南朝勢力拡大のため東海・甲信越などへ赴く。興国五年（康永三年・一三四四）、南信濃の豪族・香坂高宗《こうさかたかむね》に招かれ大河原（大鹿村）へ。以来約三〇年間この地を拠点として北朝・武家勢力と戦う。享年七五。

伊那谷松川をあとに国道五九号線を東へ進み、天竜川を横切って小渋川の谷沿いの道をおよそ三〇キロ。旧秋葉街道に入り、南へ向かう。するとしだいに視界が大きく広がり、大鹿歌舞伎で有名な大鹿村に至る。

いまからおよそ七〇〇年前、劣勢の南朝方の宗良親王が初めてこの大河原の地を訪ねたとき、おそらく別世界の地の感激に浸り、天然の要害ともいうべきこの地に安堵感と期待を寄せたのではあるまいか。

後醍醐天皇の皇子として誕生した宗良親王は二〇歳で天台座主となる。秀でた歌人としても知られ、優雅な生涯を送れるはずだった。ところが元弘元年（元徳三年・一三三一）、天皇は幕府打倒を掲げて挙兵（元弘の乱）。しかし敗れて隠岐へ配流され、親王もまた讃岐へ流された。このときから、親王の運命はめまぐるしく変転した。

二年後、鎌倉幕府は足利尊氏・新田義貞らの武家勢力によって滅ぼされ、天皇・親王は京都へ戻り、建武の新政の時代となった。ところが今度は後醍醐天皇と尊氏が対立、尊氏は北朝を京都に、天皇は大和・吉野にて南朝を立て、南北朝の抗争へ突入した。天皇挙兵からこの間、わずか五年。

南朝の味方勢力を募るため、天皇の命令で宗良親王は吉野を出て、東へ向かった。しかし足利・北朝方（武家方）を支持する豪族は各地に根強く、抗争は長期化した。その間、南朝方（宮方）では新田義貞が戦死、延元四年（暦応二年・一三三九）には後醍醐天皇も崩御、南朝方の劣勢を挽回できなかった。

親王が大河原の地を初めて踏んだのは、興国五年（康永三年・一三四四）。信州は諏訪・滋野・海野・香坂氏など南朝を支持する豪族が多い地だった。天然の要塞・大河原の地に親王を招いた香坂高宗は伊那谷の東岸一帯を支配する豪族で、勤王の精神がとくに厚かったという。

高宗自ら大河原城に親王を招き、多くの豪族たちが武家方になびいても、最後まで親王と生死をともにし、勤王忠節を貫いた。

尊氏・直義兄弟の抗争（観応《かんのう》の擾乱《じょうらん》）に乗じて親王軍は、正平六年（観応二年・一三五一）、関東へ攻め寄せ、一時は鎌倉を占拠したが、武家方に反撃されふたたび信州へ押し戻されてしまう。

宗良親王を祀る信濃宮神社〈大鹿村大河原上蔵〉

そこから四年後、なんとしても南朝勢力を挽回せんと満を持し、捲土重来《けんどちょうらい》を期して挑んだのが、桔梗ケ原《ききょうがはら》（現塩尻市一帯）の合戦であった。敵の武家方には信濃守護の小笠原長基《ながもと》軍。親王方には香坂氏のほか、諏訪氏・仁科氏らが加勢した。このときの合戦の激しさは、のちに都の公家の日記に書き記されるほどだった。しかし、無念にも親王方は惨敗。親王はむなしく大河原の地に引きこもるしかなく、以後、信州での南朝勢力は急速に衰えていった。

宗良親王はこの敗北にくじけることなく、以後も宮方

香坂高宗の墓所〈大鹿村大河原上蔵〉

の勢力挽回に吉野へ数回赴くなどして戦いを続けた。しかし、弘和二年（永徳二年・一三八二）、ついに親王は逝去する。その地は判然としないが、大鹿村北隣の伊那市長谷に親王の墓と伝えられるものが残っている。

親王死後も南北朝の相克は続いた。両朝が合一されたのは親王が没してから一〇年後の元中九年（明徳三年・一三九二）であった。

親王は歌集『李花集』を残すほど高名な歌人としても知られ、没する二年前には『新葉集』を編纂している。『新葉集』に次のような親王の一首が載っている。

諏訪の海や氷を踏みて渡る世も　神し守ればあやふからめや

おそらく桔梗ケ原の敗戦で、むなしく大河原に帰陣する際に詠ったものではあるまいか。南朝のために戦う信念を貫いた、まさにもののふの親王であった。

大鹿村の村落の中心地から小渋川沿いに二キロほど上流の上蔵《わぞ》集落は、静かな山間の地である。親王を祀る信濃宮神社、大河原城址碑、香坂高宗の墓塔などゆかりの史跡はいまは静寂の中にある。

信州の親王関係の史跡としてはほかに、千曲市の柏王《かしおう》神社に親王の鬢《びん》塚が伝わる。親王は北国街道沿いに北陸へも足しげく旅していて、

信濃路や見つつわが来し浅間山　雲は煙のよそめなりけり

という一首を詠んでいる。

また、桔梗ケ原合戦の古戦場碑は、塩尻市北部の市街地にあるが、かつて一帯はぶどう畑が広がっていたという。ちなみに桔梗ヶ原の合戦というと、戦国時代の武田信玄と小笠原長時の戦いがよく知られている。

桔梗ヶ原古戦場碑〈塩尻市広丘高出〉

この桔梗ヶ原の合戦のとき、親王が本陣を構えたと伝えられるのが諏訪湖北岸の岡谷市・東堀正八幡宮、通称柴宮で、ここに「宗良親王御旧蹟地」と刻まれた碑が、この地らしく四本の御柱に囲まれて立っている。

親王の一子・尹良《ゆきよし》親王は、宗良親王逝去のときに一八歳。父の遺志を継いで南朝・宮方のために

両朝合一されたあとも各地に転戦、応永三一年(一四二四)、六〇歳で浪合(阿智村)にて戦死したという。その墓所は南信・阿智村浪合の、宮内庁管轄の尹良親王を祀る浪合神社境内にある。後醍醐天皇の子であり孫にふさわしい、不屈の闘志をもった父子であった。

第二章

激闘！ 川中島合戦

小笠原長時　信玄と塩尻峠で戦うも最後まで屈せず

小笠原長時（おがさわら・ながとき　一五一四〜一五八三）
戦国時代〜安土桃山時代の武将。鎌倉時代以来の名門・小笠原家の一七代当主・林城（松本市入山辺）主として勢威をふるう。天文一七年（一五四八）、塩尻峠の合戦で武田信玄に敗れて以後しだいに衰退、信州を離れる。その後何度か信州への復帰を試みたが果たせず、越後・京などを転々とし、会津若松にて死去。没年七〇。

「なにっ、夜襲だと？」

塩尻峠の頂に陣を置き、絶対有利な位置で信玄軍を待ち構えていた長時は油断していた。信玄は甲府を出陣後なかなかノラリクラリして攻め寄せてこなかった。それを知った長時は、警戒をゆるめていた。その虚をつかれたのだ。

長時軍は大混乱したが、峠の頂の有利な陣構えであったため劣勢を挽回しつつあった。ところが白兵戦の真っ最中、長時方から裏切りが出たのだからたまらない。背腹に敵を受け、

塩尻峠の合戦の戦死者を弔った首塚・胴塚〈塩尻市柿沢〉

長時軍は峠から西への坂を転がり落ちるがごとく敗走した。

信玄の進軍が遅かったのには理由があった。それは、信玄が長時方の武将に調略の魔の手をのばしていたからである。ここにも長時のぬかりがあった。戦死者一〇〇〇人あまりという大敗で、長時は居城の林城に逃げ帰った。

塩尻峠からの坂の途中となる塩尻市側の柿沢地区に、このときの合戦の戦死者を弔う首塚・胴塚が人家から離れた田畑の中にひっそりとある。放置された遺体を村人がこの地に埋葬したものという。

小笠原長時はけっして無能な武将ではなかった。塩尻峠の合戦の翌年、塩尻峠を越えて逆に諏訪側へ討ち入って武田方と戦った際に手傷を負ったが、それは長時が最前線で槍を振るうほどの勇将であったからにほかならない。小笠原家は代々小笠原流弓馬術礼法の宗家でもあった。その居城の林城には、山城にはきわめて珍しい山腹におよそ一〇〇メートルものほぼ直線の馬場が残っており、その片鱗《へんりん》をうかがわせる。

松本市梓川倭の野々宮神社。境内正面のケヤキの木の脇に「史蹟　武田氏・小笠原氏　野々

県道315号線沿いの野々宮神社〈松本市梓川〉

宮合戦場址」と書かれた標柱が立っている。塩尻峠の合戦から数年後、長時はこの地での合戦で武将としての意地を示し、武田軍にみごとリベンジを果たし勝利したのであった。

　このとき長時は、武田に押され続け居城の林城さえ捨てていたが、松本・安曇には長時を支持する豪族がまだかなり多かった。

　長時のもとに参陣した味方の軍勢は、長時を先頭にしたおよそ一〇〇〇、その勢いにさすがの武田軍も圧倒され粉砕された。長時自ら大暴れして多くの首級を挙げ、武田方の戦死者は三〇〇にものぼったという。まさに鬼神の長時だった。

　だが勝つには勝ったが、敵の将兵の中に長時の見知った顔が何人もいた。かつて配下だった各地の豪族たちはしだいに信玄の軍門に降り、服属の証《あかし》として先陣に配され長時と戦場でまみえたのである。

　緒戦に勝ったとはいえ合戦の展望に希望が持てずに気落ちしている長時を、中塔城（松本市梓川）主・二木重高はさかんに励まし、近くの中塔城に導いてたてこもったという。

信玄は室町将軍とも深いまじわりを持つ名門小笠原家を滅ぼすことは天下をうかがうにマイナスと考えたのか、中塔城にたてこもる長時に厚遇を示してしきりに降伏を勧めた。しかし、長時はいまさら信玄の風下に立てるものかと、頑として受け入れなかった。名門の矜持《きょうじ》は徹底して信玄を拒んだ。

野々宮合戦のあと、長時は中塔城を出て越後の上杉氏などを頼り各地を転々としたというが、その動向ははっきりしない。しかし、松本・安曇の地では長時を支持する勢力が粘り強く武田に抵抗して、長時も一時信州へ戻り戦ったともいわれる。

天文一九年（一五五〇）、居城の林城が陥落すると、平瀬城（松本市島内）に長時を迎えた平瀬義兼は、最後まで武田に抵抗し、長時を落ちのびさせて城兵二〇〇とともに全滅。そして深志城と目と鼻の先に位置する犬甘城（現在の城山公園・松本市蟻ケ崎）主の犬甘政徳は四か月間も戦い抜き、落城後は中塔城へ拠った。また、小岩盛親は林城落城後、二年以上も小岩嶽《こいわたけ》城（安曇野市穂

90年近く小笠原家代々の居城だった林城址〈松本市入山辺〉

高有明）で戦い抜き、城兵五〇〇とともに全滅した。かくして松本・安曇一帯の小笠原支持勢力は壊滅し、信玄の軍門に降った。一時は北信濃の村上氏と結び信玄に対抗したが武田の壁は厚く、ついに長時の捲土重来《けんどちょうらい》はならなかったのである。

武田に降らず長時支持を貫いて戦った豪族たちの知名度は、残念ながらきわめて低い。刈屋原城（松本市刈屋原）主の太田資忠などは徹底抗戦し、降伏したのは天文二二年（一五五三）であった。最後の最後まで反武田を貫き通した長時には、かくのごとき多くの忠節を尽くした家臣・豪族がいたのである。なんとか結束できなかったのだろうか。

ちなみに、作家の海音寺潮五郎氏は、『武将列伝』武田信玄の項でこんなことを述べている。「（戦国時代）、一体信州の抵抗力が弱いのは、それは信州の地理的条件による。山が多く、小さな平野が分散している地勢そのものが割拠的であるために、この地には統一的な大勢力が成立しにくく、小豪族の割拠がいつまでも続いたのだ。」

信玄にほぼ統べられた信州を去って三〇年あまり、流転した長時は天正一一年（一五八三）に遠い異郷の会津若松で没した。家臣に殺害されたとも病死ともいわれ、墓所は会津若松市内の大龍寺にあるという。奇しくも同時期、子の小笠原貞慶《さだよし》が家康の家臣となり、松本城主として復帰を果たした。

村上義清　信玄に二度大勝した葛尾城主

村上義清（むらかみ・よしきよ　一五〇一～一五七三）
戦国時代、東北信濃を支配した武将。葛尾城《かつらお》（埴科郡坂城町）主。信玄の信濃侵攻を二度撃退するなど勇猛を誇った。しかしその後、信玄に圧倒され、謙信を頼り越後へ逃れる。激戦の第四次川中島の合戦では謙信軍の先鋒を担って戦うも、ついに故郷・葛尾城に戻ることなく越後にて死去。享年七三。

天文一七年（一五四八）の義清と信玄の一大会戦・上田原（上田市上田原）の合戦は、大将・義清を中心に村上軍は実によく奮戦し勝利した。阿鼻叫喚《あびきょうかん》の激戦のまっただ中、義清自ら信玄本陣に斬りこんだというのだからすさまじい。

「義清は晴信公とたがいに馬の上にてわたりあい、両方切っ先より火炎（火花）を出し斬り戦う」（『甲陽軍鑑』）

その結果、信玄に数か所の手傷を負わせ、宿将の板垣信方《のぶかた》・甘利虎泰《とらやす》らを討ち取るなど、

岩鼻の高台から上田原の古戦場を遠望〈上田市上田原〉

信玄に真っ向勝負しての大勝利だった。

上田原の古戦場は、千曲川に浦野川がそそぐ一帯の平地で、いまは市街地と田畑が混在している。上田原の西、岩鼻の岩壁高台に登ると古戦場および上田盆地、遠く浅間山までが一望できる。

写真をご覧いただきたい。信玄はおよそ七〇〇〇の兵を率いて上田原の東南、写真右手奥の倉升山《くらますやま》に本陣を置いた。わかりにくいが写真左奥から手前に流れるのが千曲川、ほぼ中央左から手前に国道一八号バイパスが走る。眼下の右から左に浦野川が流れ千曲川に合流する。

村上軍約七〇〇〇は、浦野川の手前から右に広がる一帯に集結、信玄軍と相対した。兵馬の数はほぼ互角、作戦も駆け引きもない力の限りを尽くした、熾烈《しれつ》をきわめた合戦を義清は制した。武田方の戦死者およそ一二〇〇、負傷者数知れず。

しかし、勝ったとはいえ村上方の痛手も大きく屋代源吾、雨宮刑部、小島権兵衛などの有力な家臣を失った。信玄はといえば大敗の心痛からか悔しさからか、しばし上田原にとどまっていたという。だが義清方に再攻撃できる余力はなかった。上田原の古戦場は、負けた信玄方の板垣信方の墓を祀った板垣神社がよく紹介されるが、義清方で戦死した屋代、雨宮、小島らの武将たちの墓塔も立てられている。

上田原勝利の勢いで義清は、その後、府中松本の小笠原長時らと諏訪まで攻め入るなど、信玄勢力に攻勢をかけた。しかし、信玄はしぶとかった。なんと五か月後には戦力を復活、甲府を出馬。奸計《かんけい》をもって塩尻峠の合戦で義清と同心していた小笠原長時を撃破し、府中松本一帯をほぼ手中におさめてしまう。

そして二年後の天文一九年（一五五〇）、またも信玄は東信濃へ進攻し、村上方属城の戸石（砥石）城（上田市上野）に攻め寄せてきた。ところが、信玄は守りのかたい戸石城に苦戦、自ら城の際まで来て指揮をとったという。そこに北信濃に出陣していた義清が取って返し、救援に駆けつけた。「背腹を突かれてはたまらん」と信玄はあわてて撤退、義清はこれを激しく追撃した。この戦《いくさ》で信玄方宿将・横田備中はじめ一〇〇〇人あまりを討ち取り、またも義清は信玄に大勝した。これが世にいう「戸石（砥石）崩れ」とよばれる合戦である。

戸石城を東側から遠望するとまさに砥石を横から見たような台形の山城で、山腹は切り立ち、ふもとを流れる神川《かんがわ》は深い堀をなして、素人目にも難攻不落、落とすのが容易でないと

義清大勝「戸石崩れ」の地・戸石城址〈上田市上野〉

わかる。信玄がなぜ正面からを力攻めしたのか不思議なくらいである。

義清との二度の敗戦に懲りたのか、信玄は戸石城攻略にあたり兵馬の力だけではなく、粘り強い調略による手も考えたのであろう。同じ東信濃の信玄方の武将・真田幸隆に策を命じた。幸隆はこれに応え、なんと翌年には戸石城を落とすのである。

信玄家臣の駒井高白斎の日記『高白斎記』などには、「砥石の城、真田乗取る」と、いとも簡単に記されており、攻略法の手のうちはまったくわからない。

それにしてもあれほど大敗した「戸石崩れ」から一年もたたぬうちの信玄の復活に、義清は舌をまいたことだろう。

戸石城が信玄に落ちて以来、義清に服していた東信濃一帯の豪族領主らが徐々に信玄方になびいていった。そして天文二二年（一五五三）、追いつめられた義清は葛尾城を捨て、越後の上杉謙信を頼る。「戸石崩れ」の大勝利からわずか三年、なぜこれほど義清は凋落した

村上義清の供養碑〈坂城町坂城〉

のであろうか。義清に慢心油断があったというべきか。『高白斎記』は天文二二年四月、「葛尾自落の由、屋代・塩崎出仕」とある。義清の配下にあった屋代氏と塩崎氏が信玄に服し、事態は急変、義清は葛尾城を自ら捨てたというのだ。その後、義清は謙信の旗下に入って、川中島合戦ではしばしば先陣として出撃している。第四次川中島合戦で信玄弟・典厩信繁《てんきゆうのぶしげ》を討ったのは義清との伝承もあるという。義清は捲土重来《けんどちようらい》を期していたが、ついに故郷に帰ることはなかった。

清流ほとばしる千曲川畔の坂城町には、義清の居城・葛尾城が町のシンボル塔のごとく高くそびえたっている。市街の義清供養塔は、江戸時代に坂城（坂木）領の代官・長谷川利次らが義清を顕彰して建立したという。供養塔を寄棟造の屋根で保護する立派な造りで、周囲に石畳を敷き、落ち着いたたたずまいの墓所となっている。また「坂木宿ふるさと歴史館」では村上一族を紹介しており、なかでも義清の生涯を詳しく紹介し、町として義清を特別敬慕していることがうかがえる。

明治時代に作られた坂城小学校の校歌の歌詞には、

いまも城址の松風は　名将村上義清の　偉名を千代となりひびく

とある。同じく坂城町立村上小学校校歌では、

（義清は）越路の雪に　埋ずみても　知るきその名は 世に絶えず

と、義清を誇り高く歌う。

江戸時代、大権現・神君の徳川家康を三方ヶ原の戦いで大敗せしめた名将・信玄の名は否が応でも高まっていた。その東照神君家康もかなわなかった信玄に二度も大勝したのが村上義清なのだと、地元を中心に信州ではおおいにその武勇を称えたことが今に伝えられている。越後の地でさびしく世を去った義清ではあるが、信濃の戦国武将の中でもっとも勇敢に信玄に挑み勝利した武将として地元坂城町で称え続けられている。泉下《せんか》の義清公の思いはいかばかりであろうか。

武田信繁　その死は惜しみても尚惜しむべし

武田信繁（たけだ・のぶしげ　一五二五〜一五六一）
戦国時代の武将。武田信玄の同母弟。通称典厩信繁《てんきゅうのぶしげ》。左馬助と称していたため唐名の「典厩」とよばれた。当初から兄の信玄によく仕え、武田一門衆の副大将として各地を転戦、家臣の信頼も厚かったという。激戦の永禄四年（一五六一）の第四次川中島の合戦で討死。享年三七。真田信繁（幸村）の名は、父・昌幸が典厩信繁を敬い命名したという。

信玄と信繁の父で甲斐の国守だった武田信虎は、次男の信繁をとくにかわいがり、嫡男の信玄をなにかと疎《うと》んじた。家臣の中にはその偏愛ぶりに眉《まゆ》をひそめる者もいたが、多くは信虎へ追従して信繁を誉め、信玄を「心に良しと思へども、口にて謗《そし》る者ばかりなり」（『甲陽軍鑑』）だったという。

次のような少年向けの物語の一節があった。

ある年の新年の宴席で信虎は信玄を差し置いて、「信繁、盃をとらす。近こう参れ」と言った。

信繁は困った。居並ぶ重臣たちもハッと驚いた。嫡子と目される兄の信玄より先に盃を受けることなどできない。しかし、父の命令だ。

仕方なく「兄上、お先に……」と、小さな声で兄に詫び信繁は父の前へ。

その日、なんと信玄に盃はなかった。のちに「兄上、先ほどは申し訳ございませぬ。しかし父上のなさりかた、あまりに……」と声をつまらせる信繁。

幼いころから兄を敬い慕う謙虚な信繁の人柄をよく示した物語となっていた。『甲陽軍鑑』に「天文七年正月元日に、信虎公、子息晴信公へ御盃をつかわされず。次男次郎殿へつかわさるる」とあるのを受けた物語といえよう。

のちに信虎は、信玄と武田家重臣らの策謀によって駿河に追放され、信玄が当主となる。信繁は信玄の対抗馬として担がれてもおかしくなかったが、信繁は迷うことなく兄に臣従し、副大将として、終始信玄を盛り立てた。戦国時代、兄弟の抗争は珍しくなく、織田信長にしても伊達政宗にしても弟を殺害している。その点では信玄は傑出した弟・信繁を得たといえよう。

永禄四年（一五六一）の川中島の激戦で劣勢の中、「妻女山へ行った味方が戻ればわれらが勝ちじゃ。それまでの辛抱だ、一歩も引くな」と信繁は味方を叱咤激励、自ら最前線で上杉軍の猛攻の前に立ちはだかった。そして自分の黒髪と母衣《ほろ》を形見として息子・信豊に渡すよう家臣に託し、激戦の中で憤死した。信繁の師僧・快川《かいせん》和尚は「典厩公の死、惜しみても尚惜しむべし」と嘆き、武田家重臣の山県昌景は「信繁殿こそ毎事相整う真の副将なり」と称したという。

後世、信繁の評価を高めた最大の理由は「信繁家訓九十九箇条」を残していたことだろう。これは嫡子・信豊のために武将および施政者としての心構えを説いたものだが、武田家の分国法「甲州法度之次第（信玄家法）」の原型ともなった。条文のそれぞれは江戸時代にも武士の心得としてさかんに読み継がれたといわれるが、現代でも十分通用する内容である。

三十七条「他家の人に対し、家中の悪事ゆめゆめ語るべからず」

四十二条「敵味方打ち向ふ時、いまだ備えを定めざるところを撃つべき事」。合戦では敵のまだ準備のできていないところを見定め、攻撃せよ。

八十三条、「千人にて敵に向かわんより、百人横入れ、然るべき事」。一〇〇〇人で正面からまともに向かって戦うより、一〇〇人で横から攻めよ。

九十三条「人の善をば賞すべし。其の悪をば語るべからず」

戦時の心構えのみならず人としての道を切々と説く内容は、信繁の人柄もまたよく物語っているといえよう。

　長野市の川中島古戦場にある典厩寺は、信玄本陣が置かれた激戦の八幡原から南へ一キロほどの千曲川河畔にある。ここは信繁の戦死地ともいわれる。境内の枝垂れ桜の巨木もまた有名で参拝者は絶え間がない。寺を背にして千曲川越しに南へ目をやれば、謙信本陣だった妻女山をすぐ近くに望める。合戦から六〇年後の元和八年（一六二二）、信繁を崇拝する松代藩主・真田信之によって典厩寺と命名され、信繁の自然石の墓塔や甲越両軍戦死者の弔魂碑が立つ。

信繁が眠る典厩寺〈長野市篠ノ井杵淵〉

　あまり知られていないが、小諸市大久保には「武田信繁首塚」がある。布引観音堂断崖近くの千曲川河畔の墓地で、典厩寺と同じく自然石の墓塔である。激戦の中で討ち死にした信繁を、家臣の山寺左五左衛門が遺体の胴はその場に埋め、首級を母衣《ほろ》で包み、小諸まで持ち帰ってこ

信繁首塚〈小諸市大久保〉

こに埋葬したという。小諸は信繁の嫡子・信豊の支配地であった。ちなみに信豊も父の死後に典厩を称したため、信繁を「古典厩」として区別している。

その後、墓碑の五輪塔は千曲川の洪水で流失したものの、のちに発見され、現在は布引山釈尊寺に寄託されている。また、現在の新しい墓碑（明治二〇年建立）の下に往昔のまま首級は納められているという。

甲府市には信繁の館跡が標柱で示されている。武田神社（躑躅《つつじ》ケ《が》崎《さき》館）正面のまっすぐな武田通りのほぼ中央、信繁の館跡は、兄の館を前面で守るがごとくの場所に位置している。

山本勘助　川中島古戦場に残る信玄の軍師の墓

山本勘助（やまもと・かんすけ　一四九三?～一五六一）
戦国時代の武将。武田信玄の家臣。若いころから諸国を遍歴して軍略・築城の技量を磨き、信玄にその才能をかわれる。信濃進攻ではおおいにその手腕をふるう。しかし、永禄四年（一五六一）の第四次川中島の合戦にて戦死。この合戦で献策した「啄木鳥《きつつき》の戦法」を謙信に見破られ、その責を負って討死。享年六九か。

「殿（信玄）、この勘助、策におぼれたのやもしれませぬ。謙信に見抜かれるとは一代の不覚、身をもって……」

「なにをいうか勘助、合戦はこれからぞ！」

とはいえ、早暁霧が晴れると地から湧いたように出現した眼前の上杉勢は、すでに「龍」の突撃旗を掲げていた。謙信は信玄方の夜襲策を察知、深夜妻女山をひそかに下り、八幡原の信玄本陣の前にひそみ満を持していたのだ。

不意をつかれた武田勢は上杉勢の猛攻につぎつぎとなぎ倒され、信玄弟の武田信繁や諸角豊後守《もろずみぶんごのかみ》など名のある武将が討死、そして勘助もまた……。

永禄四年九月、この第四次川中島合戦の前日、海津城内で軍議がおこなわれた。

「啄木鳥《きつつき》が木を突く音に虫が驚き、外へ出たところをついばむ、この策でござる」

勘助はこういって、並みいる諸将を見まわした。

「されば、城内のお味方を二手に分け、一隊は妻女山に夜襲をかける。驚いた上杉勢が山を下って逃げてきたところを八幡原にて待ち伏せるわが本隊がいっきにたたく。いかがでござる？」

この、世に名高い啄木鳥の戦法は、勘助によって献策されたといわれる。しかし、『甲陽軍鑑』にはその記載がなく、江戸時代後期の『諸稗史』が出所のようである。とはいえ、『甲陽軍鑑』の「武田軍が別働隊で妻女山に夜襲をかけたが、それ以前に謙信は山を下り八幡原へ向かった」というあたりの軍の動きの記述は、真実味がある。妻女山夜襲の献策者が勘助かどうかは定かでない。だが、防戦一方の武田軍の中で怒涛《どとう》の上杉勢に真っ向から突撃して憤死する勘助の姿は、まるでその失策を一身に負うがごとくである。

勘助の戦死した地は勘助宮とよばれた神社となっていたが今はなく、南長野運動公園に記念碑が立てられている。八幡原の信玄本陣から二キロも先の敵中である。まさに死を覚悟しての勘助の突撃だったといえようか。

また八幡原から南へ五〇〇メートルほどの史跡「胴合橋《どあいばし》」は、勘助の首を家臣が奪い返し泣く泣く千曲川の川筋で洗っていると、そこへ偶然勘助の胴体が流れ着き、ここで胴と首が出合ったところといわれる。すぐ近くに勘助の慰霊碑が立てられている。

「山本道鬼居士墓」と刻まれている勘助の墓〈長野市松代町柴〉

勘助の墓所は古戦場から少し離れた松代町柴にある。いまは八幡原から千曲川を渡った対岸となっているが、かつては柴阿弥陀堂の境内だったという。大河ドラマ「風林火山」の影響で見学客が増加し、墓所の周囲は整備された。勘助墓所を示すがごとく高い杉がそびえ立ち、存在感を示している。

勘助の生まれははっきりしない。駿河国富士郡山本とも、三河国牛窪ともいわれる。身の丈低く、色黒な醜男《しこお》で隻眼、足も不自由だったという。その風貌ゆえなかなか仕官の道につけなかった。しかし、兵法・武芸・築城術の非凡な才器を武田家の重臣・板垣信方《のぶかた》は見抜いて信玄に推挙、勘助五一歳ころ武田家へ仕えることとなった。このころから信玄の信濃進攻が本格化し、勘助はその才をいかんなく発揮した。

とくに天文一五年（一五四六）の東信濃・戸石城攻めでの勘助の機転の策は、信玄はじめ武田軍の諸将をうならせた。

その日、武田軍が悪戦苦闘しているところに、葛尾《かつらお》城主の猛将・村上義清が救援に駆けつけ激しく攻撃してきた。予期せぬ敵の攻撃に、武田軍はまさに全軍崩壊の危機。そのとき勘助は即座に陽動作戦を信玄に申し出た。事態は急を要する。信玄は勘助に一隊を任せた。勘助は村上勢に立ち向かうとみせ、逃げるように動き、誘うように隊を引いて、敵勢を分散させたのだ。

この間に本隊は体勢を徐々に立て直し、ついには村上勢を逆に打ち破った。武田家中は「上下共に山本勘助を摩利支天《まりしてん》のように」畏敬したという。『甲陽軍鑑』に載る話だが、後世の創作ともいわれる。いったい勘助の事績は『甲陽軍鑑』によるところが多く、古来より勘助の実在は疑問視されていた。信憑性のある当時の書状などにその名がなかったから、なおさらであった。

ところが、五〇年ほど前、北信濃の名家・市河家の古文書にその名が初めて発見された。

「…有山本菅助口上候　恐々謹言　六月廿三日　晴信（花押）市河藤若殿」と、晴信（信玄）の書状に、詳細は「菅助」が述べるとあり、軍師のような役割を果していたことがうかがえる。ただし勘助の「勘」の字が違っている。また、平成二〇年（二〇〇八）には、群馬県安中市の真下家文書においても「山本菅助」の名を記した文書が何通か発見され、最近は山本勘助はほぼ実在したとされている。

勘助は海津（松代）城・高遠城・小諸城などの築城にも才を振るったといわれる。高遠城址には「勘助曲輪《くるわ》」も残されており、これらの伝承によって勘助実在の真実味が増しているともいえよう。

「勘助誕生地」の石碑〈静岡県富士宮市山本〉

静岡県富士宮市山本の一帯は、霊峰富士を雄大に仰ぐすばらしい眺めのところ。勘助はこの地の豪族・吉野家の分家の山本家に生まれたと伝えられ、「勘助誕生地」の碑が立っている。また、山本勘助は武田二十四将の一人として名を連ね、甲府市の信玄館近くには「山本勘助晴幸屋敷址」が残る。その存在がしだいに明らかになってきたとはいえ、勘助の前半生や事績はまだ謎に包まれている。

馬場信春　深志城の城代、長篠に死す

馬場信春（ばば・のぶはる　一五一三？〜一五七五）
戦国時代、武田信虎・信玄・勝頼三代に仕えた武将。美濃守信房《みののかみのぶふさ》ともいう。武田四名臣の一人。武勇にすぐれ信玄の信濃侵攻などで軍功を挙げる。当初、教来石《きょうらいし》姓だったが、武田家名族の馬場家を継承。天文一九年（一五五〇）、深志城（現松本城）の城代を命ぜられる。築城術にも長じていた。天正三年（一五七五）の長篠の合戦で討死。享年六三か。

「もはやこれまでか、ともあれお館（勝頼）様を無事に逃さねば……」

信春は自分の隊を少しずつ退却させ、一定の地で隊をとどめ反転して敵へ突撃することを繰り返しながら殿軍《しんがり》を担った。あるじ勝頼が少しでも遠くへ逃れるようにと願いつつ。しかしそのつど部下は鉄砲の餌食《えじき》となり減っていった。

なぜ次々と間断なく織田・徳川方は鉄砲を撃てるのかと、武田方は驚いた。おそらく武田の全兵士はそのわけがわからぬまま長篠の地で死んでいったのだろう。信春も銃弾を全身に

長篠古戦場にある信春の墓〈愛知県新城市長篠〉

浴び絶命、鬼美濃と畏怖された馬場信春の無念な最期であった。

『甲陽軍鑑』には、信春は戦場から勝頼が退却するのを見届けるといったん退却し、ふたたび敵の軍へ向かい「高きところにあがり、馬場美濃にて有り。討って覚えにせよ」と名乗りを挙げ、ついに討たれたとある。信春奮戦の模様は『甲陽軍鑑』のみならず多くの史書に特筆され、敵方の『信長公記』でさえ、「馬場美濃守の働き比類なし」と称賛しているほどである。

鉄砲三〇〇〇丁が火を噴いた長篠の古戦場（愛知県新城市）はいまも往時の地形がよく残っている。しかも武田騎馬隊の突進を防いだ織田方の馬防柵が復元されており、合戦の模様がイメージできる古戦場といってよい。

一帯には、音に聞こえた武田の猛将たちの墓塔が点在し、なんとも哀《かな》しい。山県昌景、内藤修理、土屋昌次、甘利、原、小山田そして真田兄弟……、長篠で息絶えた武田二十四将と称えられた猛将たちである。そして美濃守信春もまた散った。あるじ勝頼、穴山や一条らの親族衆が多く助かったのも、これらおもだった家臣の討死が楯となったからであった。

　信春は諏訪郡に接する山梨県の現北杜市の出身で、早くから武田家に仕え、抜きん出た武勇でめきめきと頭角をあらわし、甲斐の名族・馬場家を継いだ。鬼美濃とよばれた勇将・原美濃守虎胤《とらたね》の引退後は美濃守を名乗り、かつ鬼美濃の名も継承するほどの武功を挙げた。

牧之島城跡の三日月堀〈長野市信州新町〉

　信濃府中（松本）の林城主・小笠原長時を北へ敗走させると信玄は、天文一九年（一五五〇）、山城の林城を廃城として平城《ひらじろ》の深志城（現松本城）を築造、その城代に信春を命じた。松本城の城郭の原型は信春によるともいわれている。

　信春は山本勘助から築城術を学び精妙を得たという。「穴城」とよばれる独特の小諸城や牧之島城（長野市信州新町）などは、信春が才をふるって築城した代表的な城といわれている。とくに牧之島城は松本と善光寺を結ぶ要衝の地にあり、永禄九年（一五六六）ごろ、信玄は上杉への備えとして信春を城代に任じて改修させた。蛇行する犀川の流れで城の三方を守るという工夫を凝らした城は、丸馬出し・三日月堀・空堀などの遺構がよく残り、信春の築城術をいまに伝える。

四〇年以上にわたり武田に仕え、七〇回をも超える合戦を駆けめぐったというのに、信春は「兎《うさぎ》の毛を突いた程の手疵《てきず》をも負わず」、まさに不死身の鬼美濃と人びとが畏怖《いふ》した所以《ゆえん》である。しかし信玄死後、勝頼のもとで最長老の重臣となったが、勝頼やその近臣には疎《うと》んじられたといわれる。長篠の合戦直前、信春は不気味な信長の作戦行動を感じ、撤退を進言したがついに受け容れられなかったともいわれる。

長岳寺の馬場信春供養塔〈阿智村駒場〉

下伊那郡阿智村の古刹・長岳寺。阿知川河畔に立つこの寺は、病に倒れ駒場で逝去した信玄の遺体を火葬した寺と伝えられる。境内には火葬灰を埋葬した地に十三重塔《じゅうさんじゅうのとう》が供養塔として立てられている。また並んで信春の五輪の供養塔がたたずんでいる。

「信玄公火葬の折に預け置かれたのでしょうか。

本棟造の重要文化財・馬場屋敷〈松本市内田〉

高さ三〇センチほどの信春公の持仏だったと伝えられる十一面観音像を安置しています」と住職。

信玄がここで火葬されたのか、定かではない。遺骸を塗籠《ぬりごめ》の中に納め、甲斐に送ったともいわれる。だが信玄の死が信春にとっていかに衝撃的で深い悲しみだったかを、この寺に安置される持仏が物語っている。

松本市内田の重要文化財・馬場屋敷は、馬場家一六代当主が寄贈した本棟造の歴史的建造物である。馬場家の祖先・馬場亮政は信春の縁戚にあたり、武田家滅亡とともに内田の地に移り住み、この地の開発に尽力したという。

高坂昌信

海津城の武田家守将「逃げの弾正」

高坂昌信（こうさか・まさのぶ　一五二七～一五七八）
通称高坂弾正《だんじょう》。戦国時代の武将。武田信玄の重臣。春日虎綱《とらつな》ともいった。信玄に寵童《ちょうどう》・奥小姓として召し抱えられるも武将としてもすぐれ、三二歳ごろに海津（松代）城の守将に抜擢される。合戦における用兵の巧みさ、守りの慎重さから「逃げの弾正」といわれたと、自身の口述を筆記したといわれる『甲陽軍鑑』で自称している。享年五二。

長野市八幡原の史跡公園は、永禄四年（一五六一）の謙信・信玄一大決戦の古戦場で、両雄相闘う銅像がひときわ目を引く。いつも観光客でにぎわうが、その敷地の一角に直径一〇メートルほどの円墳状の小高い丘が二つあるのは見過ごされてしまう。この史跡は、通称「屍塚《かばねづか》」。一基は両雄闘う像のすぐ近くにある。

戦死者上杉・武田両軍合わせて六〇〇〇以上、合戦に加わったおよそ半数ともいわれる戦国史上最大の激戦が終わった夕暮れ、死屍累々《ししるいるい》と横たわる戦死者を高坂昌信はていねいに埋

八幡原史跡公園の屍塚〈長野市小島田町〉

葬するよう家臣に指示、八幡原一帯にいくつもの塚をつくったという。

「死なば武田も上杉もない。みな手厚く葬るのじゃ」との昌信の配慮をのちに伝え聞いた謙信は深く感謝、これがのちの「敵に塩を送る」という義塩伝説につながったといわれる。屍塚はこの一帯に数か所築かれたというが、いまは二基を残すのみとなった。

昌信が信玄より海津城の守将を命ぜられたのは激戦の二年ほど前である。城から千曲川越しに見る善光寺平一帯は上杉方の勢力が強いところ。信玄は謙信との決戦に備えて最前線の海津城を、守りの固い昌信に託した。当時昌信は、武田の中核的な武将となっていた。

昌信が信玄に仕えたのは一五歳ごろで、春日源助と名乗る百姓の出だったという。以来、寵童《ちょうどう》として、また使番・近習《きんじゅう》として仕え、信玄の信頼を得た。二〇歳を過ぎたころからは各地の合戦に出陣して戦功を挙げ、海津城の守将に抜擢された。

妻女山・海津城・八幡原を舞台に、武田方の啄木鳥《きつつき》の戦法が展開されたこの合戦において、昌信は妻女山の謙信本陣を夜襲する部隊を率いた。ところが襲ってみるともぬけの殻、しかも山頂から千曲川越しにはるか八幡原を見ると、天地を揺るがす合戦が始まっているではないか。それを見た昌信の一隊は妻女山をいっきに駆け下り、遮二無二《しやにむに》に千曲川を渡り上杉軍の背後を突いた。かくして形勢は逆転し、上杉方は北方に退散、よってこの合戦は「前半は上杉、後半は武田の勝利」といわれている。

昌信はこのあとも海津城守将を務め、春日姓を信州更科郡の名族・高坂（香坂）姓に改めるよう命じられた。数年前、高坂氏は信玄によって滅ぼされ、家名が断絶していた。信玄の信濃融和策の一つであった。

昌信の慎重さをよく示す、三方ヶ原の合戦の際の逸話が残っている。元亀三年（一五七二）年一二月、家康を粉砕した三方ヶ原の合戦で大勝利に酔う諸将は、浜松城に命からがら逃げこんだ家康をいっきに滅ぼさんと息巻いた。しかし、昌信だけが深追いは無用と反対、信長軍との対決を前に浜松城への攻撃に時間をかけては味方が不利であると滔々《とうとう》と諸将に説き、信玄もこれにうなづいた。西上の大目的を一義に掲げた昌信のこのような慎重な態度を「逃げの弾正」との自称で表したものといえようか。

甲府における昌信の屋敷は、躑躅ケ崎《つつじがさき》信玄館（現武田神社）の堀をはさんですぐの南東に位置しており、まさに信玄の身内・親族だった。昌信が信玄の寵童だったことを示す恋文ともいえる信玄の昌信宛の手紙が残っているという。武骨なイメージのもののふたちの微笑を誘う逸話である。

信玄の盛大な葬儀において、昌信は「とりわけ往年の（信玄公との）因み浅からず」ということで、髪を切り、出家姿となって信玄の遺骸を納めた棺の壺を開く重要な役目を務めている。武田親族衆と同等の昌信の地位は、暗黙自明の理だったのだろう。

あるじが勝頼となって武田の行く末を憂える昌信に衝撃の凶報がもたらされたのは、天正三年（一五七五）五月であった。

勝頼が信長に挑んだ長篠合戦で武田軍は惨敗、しかもおもだった家臣たちはほとんど討死したというのだ。甲斐在国を命じられていた昌信は在国の家臣を即座に集めた。

「消沈した兵士をまず安堵させ、堂々たる隊列に組み直し、府中（甲府）に帰還させる準備をせよ」と命じ、自ら伊那まで敗軍を出迎えに向かった。そして、勝頼はじめ全軍の乱れた衣服・装備を整え隊列を組ませ、甲斐に帰還させたという。まさ

高坂昌信屋敷跡〈山梨県甲府市大手〉

明徳寺の高坂昌信の墓〈長野市松代町〉

に昌信ならではの冷静で細心の配慮であった。

だが勝頼はあまり昌信ら老臣の言葉に耳を傾けず、昌信との関係はうまくいかなかったともいわれる。武田家の歴史を解く重要な史料『甲陽軍鑑』は、江戸時代の初期に著された軍学書だが、原本は昌信の口述記録で、武田家の将来を案じた昌信が勝頼や側近らに残した、もともとは「諫言《かんげん》の書」だったといわれる。

昌信は海津城にて天正六年（一五七八）に逝去した。武田家の滅亡はその四年後だった。昌信は海津城から南へ四キロほどの山間の静かな古刹・明徳寺に眠っている。信玄死後、勝頼の代となっても北辺の海津城で武田の支配地をずっと守り抜いていたのである。

ちなみに同寺には太平洋戦争で全滅した硫黄島の日本軍守備隊の最高指揮官、松代出身の栗林忠道陸軍大将も眠っている。

武田信玄　最後まで上洛を夢見つつ逝く

武田信玄（たけだ・しんげん　一五二一〜一五七三）

戦国時代屈指の武将・大名。名は晴信。信玄は法名。武田二十四将と畏怖《いふ》される猛将軍団を従え、甲斐を拠点に最大支配領国は信濃・駿河《するが》・西上野《にしこうずけ》・遠江《とおとうみ》・三河《みかわ》・美濃《みの》の一部におよぶ。「甲州法度之次第《こうしゅうはっとのしだい》」の制定や信玄堤の築造など統治政策も傑出。川中島の合戦では五度上杉謙信と戦う。元亀三年（一五七二）、天下制覇の上洛軍を起こして西上するも途中病に倒れ死去。享年五三。

「明日は其の方の旗をば、瀬田に立て候へ」（『甲陽軍鑑』）

この信玄の臨終の言葉ほど胸に切なく響くものはない。信玄の枕もとに集まった並みいる猛将たちの嗚咽《おえつ》が聞こえてきそうだ。其の方とは、武田軍先鋒の山県昌景《やまがたまさかげ》のこと。瀬田は琵琶湖畔の瀬田の唐橋。信玄はもうろうとする死の床の中で、瀬田から京の都へ疾駆する山県隊の旗を夢見ていたのだろう。自らはついに踏むことがなかった京の街が浮かんでいたのではないだろうか。もう数年長く生きていたら……。かくして一代の英傑・信玄は信州・三州街道沿いの地で往生を遂げた。

信玄が狙撃された逸話が残る野田城跡〈愛知県新城市豊島〉

　信玄が上洛に率いた軍勢はおよそ二万五〇〇〇。三手に分けた陣容は、美濃へ秋山信友隊、三河へ山県昌景隊、信玄本隊は諏訪から伊那路・秋葉街道を経て遠江《とおとうみ》へ進んだ。まず三方ヶ原の合戦で家康軍を一蹴、ついで三河・野田城の攻略にかかった。

　武田軍の士気は高かった。ところが野田城を落とした直後から信玄の体調が悪化、進撃の歩みは止まった。信玄は長篠城で療養したが回復せず、元亀四年（一五七三）四月、西上を断念、全軍甲斐へ戻ることに決した。肩を落として帰途につく将兵たちの無念な後ろ姿が目に浮かぶ。そして軍を引き返す三州街道沿いでついに信玄は逝去した。

　信玄の死にまつわる伝承・逸話は多い。そのうちの一つに、次のようなものがある。野田城を攻めていたとき、城内からの毎夜の美しい笛の音色に魅せられ、信玄は堀端まで身を乗り出して聞き入った。そこを狙撃され負った傷が悪化、死に至ったという。

信玄塚近くの信玄騎馬隊大壁画〈根羽村横旗〉

黒沢明監督の映画「影武者」はこの逸話を緊迫感ある映像で描いている。映画の中では石垣の高い堅固な野田城だが、いまは石垣も堀もなく小さな丘の林中に「野田城址」の石碑が建つのみである。

臨終の地は、下伊那郡阿智村駒場、または浪合、根羽ともいうが定かではない。根羽村横旗（畑）の信玄塚は、遺骸の埋葬地といわれ、高さ二メートル近い宝篋印塔《ほうきょういんとう》が立てられている。横旗の地名の由来は、この地で「風林火山」などの軍旗を横に倒したからという。塚の目印として街道のコンクリート壁に描かれた疾走する武田騎馬軍団の大壁画は見ごたえがある。

信玄塚から三州街道を北へおよそ三〇キロの阿智村駒場の長岳寺は、信玄を火葬した地と伝えられる。また別の説によれば遺体は塗籠《ぬりごめ》に納められて甲州に送られ、三年後に現在の甲府市岩窪の地で荼毘《だび》にふせられたという。天正四年（一五七六）四月、三年の喪があけ、勝頼によって恵林寺（山梨県塩山市）にて盛大な本葬が営まれた。この日、剃髪する者は数百

「上洛必勝」を祈願した龍雲寺〈佐久市岩村田〉

人におよんだという。遺骨は佐久の龍雲寺、紀伊高野山などに分骨された。

佐久市岩村田の龍雲寺境内の一番奥に信玄廟所と五輪塔が静かに並んでいる。山門の偉容はかつてこの寺が広大な伽藍《がらん》を有していたことを物語る。信玄は崇拝する名僧・北高《ほっこう》禅師をこの地に招き、寺の中興の祖とした。そして上洛する直前、一〇〇〇人もの僧侶を龍雲寺に集め、必勝祈願の壮大な法事を催したという。「なんとしても上洛し、信長打倒、天下に覇を！」という信玄の鬼気迫る熱情を改めて知る思いだ。

昭和六一年（一九八六）、国土地理院の諏訪湖湖底地形調査で、一辺二五メートルほどの武田家の紋所に似た菱形の物体が発見された。もしや伝説の信玄水中墓ではないかと、大きく報じられた。「自分の遺骸は具足を着せて諏訪の海に沈めよ」と信玄が遺言したという『甲陽軍鑑』の有名な記述があったからである。しかし、その後の調査では湖底の窪地ではないかともいわれ、いまだにはっきりしていない。

山梨県はもちろん、信州、いや全国で信玄の人気はきわめて高い。天下制覇に敢然と挑んだ生きざまが古今東西、多くの人びとを感動させ、さらにその志は無念にも達成できなかった哀《かな》しさがまた胸を揺さぶるのであろう。信州の諏訪・小笠原・村上氏など、多くの豪族たちは信玄の侵攻によって滅ぼされ、また併呑《へいどん》された。にもかかわらず信玄の人気が信州でも高いのは、その天下制覇の目途《もくと》に突き進んだ生き方に多くの信州人が魅了されるからに違いない。

宿敵だった謙信は、信玄の死を朝の膳で聞いた。箸を落としてはらはらと涙をこぼし、「吾が好敵手失えり。世に復たこの英雄男子あらんや」（頼山陽『日本外史』）と嘆《たん》じた。

上杉謙信　敵なれど義をもって塩を送る

上杉謙信（うえすぎ・けんしん　一五三〇～一五七八）
戦国時代、越後を中心に北陸一帯を支配した武将。景虎・政虎ともいう。その驚嘆する勇猛さから「北越の虎」「軍神」などと称される。当初、長尾姓だったが関東管領・上杉氏の養嗣子《ようしし》となり、その職も継承して関東に何度か出陣。川中島では武田信玄と五度にわたって戦う。義に厚い人柄だったともいわれ「義塩伝説」でも知られる。上洛間近にして死去。享年四九。

「殿、あまりに無謀、本隊が着いてからでも遅うございませぬ」

「昌綱は助けを乞うておる。一刻を争うのじゃ、ものども、押し出せ！」

かくして謙信はわずか四五騎を引き連れ、北条大軍の真っただ中へ突っこんでいった。

時は永禄三年（一五六〇）ごろ。謙信は唐沢山城（栃木県佐野市）の佐野昌綱の救援に馬を走らせた。ところが、城は北条の大軍三万五〇〇〇に包囲されている。自軍八〇〇〇の本隊はまだ後方。この絶体絶命の城を見て謙信は即決、敵中突破して城内の士気を大いに高めんと、甲冑《かっちゅう》もつけず白い鉢巻、十文字の槍をひっさげ馬に一鞭《ひとむち》、敵中へ突っこんだのだ。あまりの豪胆さに圧倒されて度肝を抜かれ、なすすべなく謙信の突進を見送る北条軍。大軍なれども謙信のあまりの豪胆さに恐れをなし、そうそうに小田原へ撤退したという。『佐野記』はこのときの謙信を「夜叉羅刹《やしゃらせつ》とは、是人なるべし」と記している。

狂喜したのは唐沢山の城兵たちである。城主・佐野昌綱は、命を賭して疾駆してきた謙信の馬にすがって感涙にむせんだ。十重《とえ》二十重《はたえ》に取り囲まれていた落城寸前の城を謙信は奇跡的に救ったのだ。関東管領上杉謙信の名は関東一帯に鳴り響いたという。

唐沢山城跡からの関東平野の眺望〈栃木県佐野市〉

難攻不落の関東一の山城と称された唐沢山は高さ三〇〇メートルに満たないが、北関東山地の最南端に位置することからその眺望はすばらしい。都心から八〇キロも離れているが、晴れた日には池袋・新宿の高層ビルも見える。当時は、広大な関東平野を移動する軍勢の動きが山頂から一目瞭然、しっかり把握できたことだろう。

謙信は越後国守護代・長尾為景の末子として生まれた。守護代とはいえ為景は、実質国政を握る春日山城の城主だった。当初謙信（幼名虎千代）は春日山城下の林泉寺に預けられたが一九歳のとき、兄・晴景に替わって家督を継いだ。以来、天才肌の軍事的才能を発揮する武将となった。

謙信の勇猛さをもっともよく示すのは、いうまでもなく永禄四年（一五六一）の川中島合戦であろう。謙信は大胆にも千曲川を渡河して敵中の妻女山《さいじょさん》に本陣を置き、海津（松代）城から上る炊煙を見て武田方の夜襲作戦を見破った。そして深更《しんこう》、ひそかに全軍山を下り「鞭聲粛々夜渡河（べんせいしゅくしゅくよるかわをわたる）」（頼山陽の漢詩・川中島）と千曲

妻女山ふもとの謙信槍尻の泉〈長野市松代町〉

川を渡り、早暁八幡原の武田本陣を急襲、しかも乱戦の最中に謙信自ら信玄本陣に斬りこんだという。さらにまた小田原城攻めのとき、敵の弾丸の届くあたりに平然と床几《しょうぎ》をすえ、ゆうゆうと昼飯をほおばったという逸話などもある。

川中島合戦で謙信が本陣を置いた妻女山頂は、合戦の模様を想起しながら古戦場を一望できる絶好の地である。右手に海津（松代）城、正面は眼下千曲川の向こうに信玄本陣の八幡原が眺望できる。

豪胆にしてかつ義理人情に厚かったのも謙信の魅力である。東信

濃の葛尾《かつらお》城主・村上義清が、天文二二年（一五五三）、信玄に追われ謙信を頼ってきたとき、謙信は二つ返事で胸を叩いた。これが五度にわたる信玄との川中島合戦の発端となったのである。

謙信と信玄の大きな違いは、謙信にはほとんど領土欲がないことであろうか。関東管領・上杉憲政《のりまさ》が北条氏に圧迫され、わらをもすがる思いで三国峠を越えて謙信に泣きついてきたときもまったく同じである。憲政は自分の願いを受け、損得を考えずに何度も関東に出馬してくれる謙信の義理がたさにうたれ、その人柄にほれこんだ。そして「どうか、わが上杉の姓を継いでほしい」ということで、名門上杉を継ぐことになった。

牛つなぎ石〈松本市中央〉

そして義塩伝説。松本市内の繁華街、かつての伊勢町と本町の丁字路交差点の歩道のかたわらに、「牛つなぎ石」という高さ七〇センチほどの自然石が立っている。この石こそ、越後から送られてきた塩を背負った先頭の牛をつないだ石といわれ、以来そのまま残してあるという。最近はきちんと説明板も立てられている。

永禄一〇年（一五六七）ごろのこと、駿河の今川、相模の北条は合戦では到底勝てない信玄に対して「塩止め作戦」

で信玄の領国甲斐・信濃を苦しめる策に出た。謙信にも同調を求めたところ、逆に謙信は烈火のごとく怒り、「苦しむのは信玄でなく民百姓ではないか。すぐに越後の塩を運んでやれ！」と、山国の甲斐・信濃へ塩が送られたという。人びとは謙信に深く感謝し、以来毎年塩が運ばれてきた正月の「塩市」の祭りとなり、それが現在の「飴市」の祭りとなった。また「敵に塩を送る」ということわざの由来にもなった。

「北条と今川……甲斐信濃に塩入れず。これをもって信玄の兵を苦しめんとす。謙信これを聞いて塩を甲信に運ばしむ。我（謙信）は兵を以て戦を決せんと。これ謙信の義にして勇なる処なり」（『武将感状記』）

生涯手を結ぶことのなかった宿敵の謙信に、信玄も感ずることが多かったのだろう。死に臨み、勝頼にこう言い残した。「謙信を執して頼むと申すべく候。左様に申しても苦しからざる謙信なり」（『甲陽軍鑑』）。すなわち、「困ったら謙信を頼れ、嫌とはいわずかならず味方してくれるから」と伝えたのである。

勇猛にして人情味豊かな謙信伝説は枚挙に暇《いとま》がない。それらがどこまで事実なのかと問われれば答えに窮する。だが、謙信を祀る上杉神社のある新潟県上越市や、謙信が眠る上杉家廟所《びょうしょ》のある山形県米沢市では、謙信はいまも神のごとく崇められていることは確かな事実である。

第三章　天下統一への戦い

木曽義昌

鳥居峠で武田軍を破った木曽領主

木曽義昌（きそ・よしまさ　一五四〇～一五九五）
戦国時代～安土桃山時代の武将・大名。木曽義仲の子孫を称する木曽家第一九代当主。弘治元年（一五五五）、信玄の娘・真理姫を妻室に迎えて武田親族衆に加えられたが、信玄死後、劣勢の武田を見限って信長と通ずる。信長死後は家康、秀吉、ふたたび家康に臣従。家康の関東国替えにともない下総国《しもうさのくに》阿知戸（網戸）一万石へ移封となる。五年後同地にて逝去。享年五六。

木曽義仲が祖という名門・木曽家は、天正一八年（一五九〇）、本拠地木曽の地を離れ、現在の千葉県旭市へ国替えとなった。代々木曽家は木曽谷一帯を支配する独立性を保った領主だったが、信玄の勢力に圧迫され、義昌が妻室に信玄の娘・真理姫を娶《めと》ることで、父・義康の代に武田親族衆となって服属させられた。
だが信玄死後、勝頼の代となって、新府城（山梨県韮崎市）の築城などで過重な負担を強いられ、義昌は一大決心をした。

木曽家存続のために、織田へ通じたのである。勝頼は親族たる義昌の寝返りに烈火のごとく激怒、木曽へ押し寄せてきた。その前に人質として新府城に預けられていた義昌の母と子息千太郎、息女岩姫は斬首された。覚悟を決めた義昌は、勇猛を誇る武田軍を地の利を知り尽くした木曽の鳥居峠《とりいとうげ》におびき寄せた。そしてみごとこれを打ち破ったのである。その報を受け、織田信長は即座に武田総攻めを決断。そしてわずか数か月後、武田家は滅亡した。義昌の決断と鳥居峠の勝利は、武田家滅亡の契機となったのである。

義昌と諏訪で会見した信長は、踊らんばかりに義昌を喜び迎え、木曽郡に加え安曇・筑摩郡を加増した。信長はよほどうれしかったのだろう。義昌が信長の前を退出していく際、「（信長は）御縁まで御送りなされ、（義昌は）冥加の至りなり」と『信長公記』は記している。

知行地は倍以上、信長の傘下に入った義昌の決断は的確だったかに思われた。ところが本能寺での信長の急死で、信州はいっきに無主動乱の地と化した。安曇・筑摩郡は旧主・小笠原氏の勢力が復活、侵攻してきて義昌は二郡を奪われた。危機感を募らせた義昌は、急きょ家康と結んだ。さらに天正一二年（一五八四）の小牧長久手の合戦前には情勢を見て家康の敵・秀吉の傘下に入った。怒った家康は木曽へ攻めてきたが、家康と秀吉が和睦したためことなきを得た。ところが秀吉は義昌に「家康の配下となるよう」と命じ、仕方なく義昌は従った。

　さらに天正一八年（一五九〇）、家康の関東国替えでは、「木曽殿は下総《しもうさ》へ」との家康の命。義昌は先祖代々の地をあとにせざるを得なかった。山国から遠い下総の海辺の国へ。これは家康の嫌がらせだったのか、急な措置だったため移封先が阿知戸（網戸）だと義昌が知ったのは移動する旅の途中だったともいう。ちなみにこのときに信州から小笠原・諏訪・保科氏などがつぎつぎと先祖伝来の地から関東に国替えされている。

東漸寺の義昌公および木曽家供養塔〈千葉県旭市〉

　義昌は新地で、近世大名としての治政に力を入れた。千葉県旭市の木曽義昌公史跡公園には義昌公座像・墓塔があり、毎年、義昌の菩提寺・東漸寺《とうぜんじ》住職による法要がおこなわれ、参列者一同は東漸寺へ向かう。その境内には義昌公の供養塔が立っている。
「旭市では灌漑事業や町づくりなどに尽力した義昌公は崇められていましてね。毎年七夕祭りでは『木曽義昌公武者行列』が催されています」と東漸寺住職。心機一

鳥居峠に残る石畳の旧中山道〈塩尻市・木祖村〉

転した義昌の阿知戸での治政を、いまも称えているのだ。

義昌が武田軍を破ってその名を高め、信長を狂喜させた古戦場の鳥居峠の名は、義昌の祖父・木曽義元が峠の頂に御嶽山を遥拝する神社の鳥居を造ったことから名が付けられたという。いまは古戦場というより、旧中山道の奈良井宿—薮原宿間の往還路として知られ、多くの旅人が汗を流した石畳の道が往時をしのばせる。峠の道筋に残る「葬沢《ほうむりざわ》」の地名は、合戦の際、義昌に大敗した武田方の戦死者で沢が埋まったことから名付けられたという。峠の頂には義昌の戦勝碑も建っており、この鳥居峠には「もののふ・義昌」の名が末永く刻まれるといってよいだろう。

阿知戸へ移封される以前の木曽氏代々の居館は、鳥居峠から南へ一五キロほど、現在の木曽町福島市街に置かれていた。その跡にはいま、木曽代官だった山村良勝が創建した大通寺が建てられ、境内に義昌妻室・真理姫の供養塔が立てられている。信玄の三女で勝頼の妹だった真理姫は、甲斐から木曽、そして阿知戸へと義昌に従い流転の人生を歩んだ。義昌死後は木曽へ戻り、九八歳で死去するまで暮らしたという。

仁科盛信

高遠城の攻防、武田武者の死に花桜

仁科五郎盛信（にしな・ごろうもりのぶ　一五五七?〜一五八二）
戦国時代の武将。武田信玄の第五子で初名は晴清。北安曇の豪族・仁科氏を継いで盛信と名乗る。のちに高遠城主となり、織田方の武田攻めで城にたてこもり奮戦するも討死。県歌「信濃の国」で木曽義仲とともに武人の雄として称えられている。享年二六か。

「よいかみなの者、われら高遠武者の決意を織田方に断固示す。よって……」

盛信はここでいったん言葉を切った。そして燃えるまなこで自分をにらむように見つめる家臣らに大音声でこう断じた。

「よって、織田の使者の耳と鼻をそぎ落とし送り返す!」

居並ぶ高遠のもののふたちの雄叫びといっせいにひざを打つ音が響き、城兵三〇〇〇の意気盛んこの上なしであった。

天正一〇年（一五八二）三月二日、高遠城（伊那市高遠）攻防戦の決戦前夜、織田方の降

伏勧告を蹴った城内の軍議を想像すれば、かくのごときだったであろうか。敵の総大将・織田信忠指揮する大軍に南信濃の武田方は飯田城（飯田市）・大島城（松川村）などがもろくも陥落、つぎつぎと敗走を重ねた。ところが高遠城主の盛信だけはがんとして動かない。それどころか、いつでも攻めてまいられよとばかりに、使者の耳鼻をそいではねつけたのである。

烈火のごとく怒った織田勢は、信忠自身が自ら武器を持ち、先頭に立って攻撃を開始した。城の北から西は藤沢川の断崖、南は三峰《みぶ》川の断崖に守られている。織田勢は、東側の二の丸方面から三万の兵にて集中攻撃してきた。迎え討つ城兵は決死の覚悟だけに戦闘は激烈をきわめた。しかし多勢に無勢、盛信以下阿修羅のごとく戦うも、討っても斬り倒しても山津波のごとく襲来する大軍。ジリジリと押され二の丸、三の丸を奪われ、ついに本丸を残すのみ、手練れの将兵はつぎつぎと討死。満身創痍《まんしんそうい》の盛信は床にどっかと座り、敵に「腹を切らんときの手本とせよ」と叫び、割腹し果てたという。

高遠城から三峰川をはさんで南に望む小高い山を通称「五郎山」という。五郎とはもちろん盛信のことで、山頂に巨大な盛信の石像と石祠《せきし》の墓が祀られている。討たれた盛信の首級は京に運ばれたが、胴体は地元の人びとがここに手厚く葬ったという。敢然と織田の大軍に

五郎山頂の盛信石像と石祠。台座を含めた石像の高さは３ｍ近い〈伊那市高遠〉

挑み、兄・武田勝頼の楯となって殉じた盛信の墓所を五郎山としていまも称えているのだ。

大軍織田の甲州攻めにあって、戦国最強を誇った武田軍の中で最後まで背を見せずに戦い抜いたのは盛信だけであった。県歌「信濃の国」にその名が登場するのは、そうした崇高ともいえる勇猛さに作詞者の浅井洌も感動したからであろう。

盛信が仁科氏を継いだのは永禄四年（一五六一）ごろである。仁科氏は平安時代から四〇〇年以上続く北安曇一帯に勢力を張る名門で、その勢威は国指定重要文化財の本殿と三重塔を誇る若一王子《にゃくいちおうじ》神社（大町市大町）や国宝の仁科神明宮（大町市社宮本）の偉容にいまもよく伝えられている。これらの建造物は代々仁科一族の厚い保護があって維持・発展してきたのである。

信玄と小笠原長時が戦った塩尻峠の合戦のころは、仁科一族は小笠原氏に味方していた。だが、信玄が府中・安曇に進攻してくると、仁科氏は信玄に降った。天文二二年（一五五三）

ごろである。

しかし信玄は、仁科氏と北の越後・上杉謙信が手を結ぶことを警戒し、永禄年間にこれを滅ぼすに至った。だが、仁科を支えた国人領主たちの反発をかわすため、息子の晴清を仁科家の通字「盛」を受け継ぐ「盛信」に改名させ、武田親族衆として家を継がせた。

盛信が高遠城主を命ぜられたのは天正九年（一五八一）前後と思われる。日の出の勢いの信長の武田攻めに備えてのことで、副将には猛将・小山田備中守昌行が付けられた。ところが大軍を擁した織田勢の進撃に飯田・伊那などの武田の守将はあっけなく敗れさった。

これが戦国最強と恐れられた武田軍かと織田方は拍子抜けだったが、盛信率いる高遠勢のみが武田軍団の意地をみせた。まさに盛信は織田方に一矢報いたのである。

高遠城の壮烈な戦闘は織田方の史書『信長公記』にも詳しく記されている。その中でも特筆すべき内容を紹介したい。

国宝・仁科神明宮。本殿は日本最古の神明造〈大町市社〉

二郎山の諏訪ハナの祠〈伊那市高遠〉

合戦は双方「火花を散らし相戦い、おのおの疵《きず》を被り」討死者が城内のあちこちに倒れる中、高遠方の諏訪勝右衛門の女房・ハナは、「刀抜き切って廻し、比類なき働き、前代未聞の次第なり」とある。夫・勝右衛門が討死と聞いたハナは、黒髪を振り乱し長刀《なぎなた》を持って織田勢に斬りこみ、力尽きるまで闘い、ついに自害して果てたという。

五郎山の頂からは眼下に、全国に知られる高遠桜でおおわれた高遠城址、そして高遠城下が望める。五郎山の山頂の盛信墓から峰を東へ松林の中を下っていくと、四郎山の峰に副将・小山田備中守昌行が祀られている。

さらに峰を下った三郎山には、滝川一益《かずます》の旗本七人を討ち倒し、「敵味方をして軍功第一」と称賛され討死した渡辺金太夫照《きんだゆうてらす》。そして二郎山には夫の恨みを晴らさんと織田方に斬りこんだ諏訪ハナが祀られ、一郎山には、戦死した多くの諸士のための石祠が立てられていた。当時の地元の勝間村の人びとが中心となり、奮死した死者を厚く葬《ほおむ》り祀ったのだという。

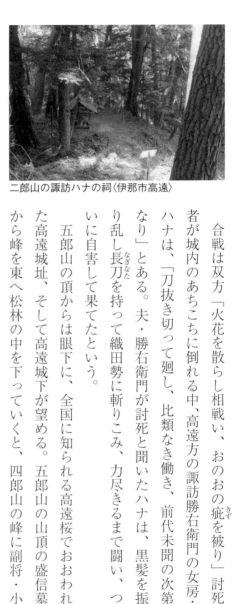

依田信蕃　家康が心底ほれた佐久の猛将

依田信蕃（よだ・のぶしげ　一五四八〜一五八三）
戦国時代の武将。佐久・春日城主。芦田信蕃ともいう。当初、武田氏に仕え、遠江《とおとうみ》・二俣城や駿河《するが》・田中城の守備などにあたる。武田滅亡後は家康の信を得て臣従。信長の死後、混乱する東信濃・佐久一帯の平定を任され、北条方と抗争しつつ支配を強めた。しかし天正一一年（一五八三）、北条方の岩尾城を攻撃中に戦死。享年三六。

依田信蕃は、あまり知られていない武将であるが、「生きていれば真田をしのぐ大物武将になっていたはず。徳川家の重臣に列したであろう」と言われるほどの剛健な戦国武将であった。

佐久市田口の蕃松院《ばんしょういん》は信蕃の一子・松平康国が父の菩提を弔うため、墓所を設け建立した荘厳な古刹《こさつ》である。本堂内には信蕃の木像が安置され、信蕃愛用と伝えられる太刀が納められている。本堂裏手の高台の墓所に信蕃は妻とともに眠っている。五稜郭・龍岡城のすぐ近くである。

信蕃が武田家家臣となるまでのことはほとんどわかっていない。勝頼の時代、二七歳ごろからその武名をとどろかせるようになった。

長篠合戦で大勝した家康は、いっきに武田方の二俣城（浜松市天竜区）に押し寄せてきた。そのとき、二俣城を守っていたのが信蕃だった。信蕃は一歩も引かず徳川の猛攻を翻弄《ほんろう》、よく持ちこたえ籠城戦は半年にもおよんだ。しかし、勝頼からの加勢の兵はなく、ついに降伏・開城せざるを得なくなった。だが信蕃は臆することなく、「雨降りければ蓑笠《みのかさ》にて見苦しく候」（『常山紀談』）と、徳川方に伝えた。つまり雨の中、蓑笠にていかにも敗残兵のように城をあとにしたくないので好天の日に開城したいというのである。その日、城兵は信蕃に従い、威儀を正し堂々と城を去っていった。明け渡された城内の整然たるさまを見た家康は、信蕃に深く感じ入ったという。

曲流する天竜川に三方を守られた堅固な二俣城跡には、本丸の石垣などが残っている。城の歴史としては信蕃の武勇よりも、家康の長男・信康が悔恨《かいこん》自刃した城としてよく知られている。

二俣落城から数年後、家康と信蕃はふたたび相まみえた。またも攻めるは家康、守るは信蕃。戦場は遠江から東へ移り、駿河の田中城（静岡県藤枝市）が攻防戦の舞台となった。この城は珍しい三重の環状の堀が本丸を守る城としてよく知られる。いまは環状の堀は埋められ、そのまま道路となって跡形を残している。また後年、家康はこの城で食した鯛の天ぷらにあたり命を縮めたといわれる城でもある。

天正一〇年（一五八二）の武田攻めで、家康は駿河へ攻めこみ田中城を囲んだ。そして、攻めあぐんでいるところへ勝頼自害、武田滅亡の報が届いた。家康は信蕃に降伏を勧め、さらに召し抱えようとした。ところが信蕃は、「あるじ勝頼様の安否がわからぬうちは即答できませぬ」ときっぱり拒絶。しかし、信長の武田残党狩りは厳重苛酷にて信蕃の命が危ないとみた家康は、信蕃を説得して遠江の山中にかくまったという。二俣城攻防戦以来、よほど信蕃の気風にほれこんでいたのだろう。

以後、家康に深く感恩《かんおん》した信蕃は忠実な家臣となって働く。そして、信長の死後は混乱する自らの出身地、東信濃・佐久の鎮定を家康から命ぜられるとその期待によく応えよく働いた。碓氷峠《うすいとうげ》を越えて信濃へ侵攻してくる北条方の勢力を押し返し、信蕃は地元の豪族たちをしだいに支配下におさめていった。のちに家康を苦しめるあの真田昌幸もこのときは信蕃に従っていた。これらの功績で信蕃は家康から小諸城を任せられ、多くの豪族たちが信蕃の下

信蕃最期の地・岩尾城跡。手前は千曲川〈佐久市鳴瀬〉

に参集してきた。

ところが岩尾城（佐久市鳴瀬）主の大井行吉だけはなぜか首をたてに振らず、反旗をひるがえして籠城した。行吉はかつて武田の配下に身を置いていたが、その後は北条方に属していた。天正一一年（一五八三）二月、力攻めで降伏させんとした信蕃の岩尾城攻撃は激烈をきわめた。頑強な抵抗にもかかわらず信蕃は総がかりの攻めでいっきに決着をつけるつもりだったのかもしれない。火の出るような攻撃で大手門を突破、信蕃自ら陣頭に立っていざ本丸に突入というときに一発の銃弾が信蕃を貫いた。大将自ら常に先陣を切って突き進む気骨ある戦国武将の惜しむべき最期であった。その豪気さにほれこんでいた家康は、その死をとくに悼《いた》んだ。そして信蕃の嫡子・康国に松平姓を名乗らせ厚く遇し、のちに小諸城主とした。

岩尾城跡は千曲川に架かる佐久橋からその全容がよく望める。千曲川と湯川の流れを利用した堅固な城だったというが、いまはその面影がほとんどない。

織田信長　天下人の実感を諏訪の地で得る

織田信長（おだ・のぶなが　一五三四〜一五八二）
戦国時代〜安土桃山時代の武将・大名。尾張の出身。幼少のころの奇行で「大うつけ」と罵《ののし》られるも一八歳で織田家当主となる。永禄二年（一五五九）、二六歳で尾張を統一。翌年、桶狭間の戦いで今川義元を破り、領国を拡大。天正三年（一五七五）武田勝頼を長篠の戦いで撃破。翌年、安土城を築城。天正一〇年（一五八二）、自ら信濃・甲斐に出馬し武田を滅ぼす。しかし、三か月後に本能寺で明智光秀に急襲され死去。享年四九。

信長が安土（滋賀県近江八幡市）を出陣したのは、天正一〇年（一五八二）三月。総大将の嫡子・織田信忠が、一か月前に武田勝頼を倒すため信濃・甲斐に軍を進め、各地にて連戦連勝との報を受けての悠然たる出馬であった。駿河口から家康、関東からは北条、伊那口より信忠という包囲網を知ってか、武田方は各地で寝返り者が続出、草木皆兵織田方の体をなしていた。かくして戦国最強を誇った武田軍は追いつめられ、天目山《てんもくさん》（甲州市大和町）の露《つゆ》と消えたのである。

信長が信濃・飯田に入った日、勝頼・信勝父子の首級はすでに届けられており、首実検して飯田に晒《さら》した。信長は天竜川に沿って伊那路を北上、焼亡した高遠城を検分、城主仁科五郎盛信の首級はすでに美濃で首実検していた。信長は高遠城から、現在の国道一五二号線を北上して杖突峠《つえつきとうげ》へ向かった。標高約一二〇〇メートルの峠の頂から眺める信濃の広大な山河、さらに甲斐の国をみな手中におさめ、信長は満面笑みで天下人の実感を得たことだろう。

杖突峠の頂から高遠方面への道を望む〈茅野市〉

三月一九日諏訪・法華寺到着。ここに本陣を定め、戦後処理にあたった。機嫌のよい信長は、織田家家督はすでに信忠に与えていたが、甲信平定を成し遂げたいま、信忠に「天下の儀も御与奪ならるべき旨」（『信長公記』）、すなわち天下支配権も譲ろうと言うほどだった。それほど難敵武田を滅ぼした満足感は大きかったのだろう。

法華寺は諏訪大社上社本宮の南隣の山ぎわに位置して

法華寺の山門と本堂〈諏訪市中洲〉

いる。いまは山門と本堂だけだが、当時は壮大な七堂伽藍《がらん》を有していたという。信長に随行してきた武将たちはこの一帯にところ狭しと陣を構えた。『信長公記』にその錚々《そうそう》たる顔ぶれが記されている。織田信澄、堀秀政、蒲生氏郷《がもううじさと》、竹中重隆、池田元助、高山右近、明智光秀、丹羽長秀、筒井順慶《つついじゅんけい》……さらに家康も、北条の使者も、信濃各地の豪族などが戦勝祝いに列をなした。「諏訪三里にわたって連陣、尺土もあますところなし」というほど、諏訪盆地一帯は各隊の兵馬でひしめきあったという。

在陣することおよそ半月、旧武田領の新たな国割・知行割は、「駿河一国は家康、甲斐一国と諏訪郡は河尻秀隆、上野国と佐久・小県二郡は滝川一益、北信濃四郡は森長可《もりながよし》、木曽旧領と安曇・筑摩郡は木曽義昌、伊那は毛利長秀」との沙汰であった。かくのごとく武田攻めの最前線で奮戦して戦功を重ねた武将たちに手厚く配分された。信忠家臣の河尻秀隆は、美濃岩村城五万石から甲斐国の国守へという大抜擢となった。

そして新たな領主たちへの訓令も発した。主たる内容は、「関所などでの税徴収の禁止、農民から正規の年貢以外の税を徴収することの禁止、忠節を尽くす者は取り立てること、裁判は確かに吟味して判決を下すこと、武器弾薬の備蓄を怠らないこと、道路を整備すること」などなど。関銭の廃止、道路の整備などの信長の進歩的な政策が甲信地方でも実施されることとなる。以後の近世の基となる天下治政を勘案した内容といえよう。

四月二日、信長は帰途についた。甲府から富士川沿いに富士山を初めて仰ぎ見て東海道を凱旋、四月二一日に安土帰着。城は戦勝祝いの客が門前市をなすにぎわいで、まさに旭日昇天の信長だった。だが運命の本能寺はすぐそこに迫っていた。

世に知られる信長の明智光秀殴打事件は、『祖父物語』に諏訪・法華寺で起こったとある。戦勝祝いの酒宴で光秀が甲州平定について、「われらが多年の骨折りが実り申した」と述べたことに信長が激怒。「おまえがいつ骨を折った」と、光秀を殴打、欄干《らんかん》に打ちすえた。

満座で面目を失った光秀は信長を深く恨んだ……。この恨みが光秀決起の理由とよくいわれる。また諏訪滞陣中の合間、信長は光秀と模擬戦をおこなったところ大敗し、その恨みを光秀に酒宴でぶつけたという地元の伝承も残っている。

信州在陣から三か月後、光秀に急襲された信長はあえなく本能寺で最期を迎える。信長の

阿弥陀寺の信長・信忠の墓〈京都市上京区〉

守兵わずか三〇〇、安心しきっていたゆえの油断というべきなのか。本能寺の変の原因については諸説あり、真相はいまだ不明なことが多い。

　信長の墓所は本能寺をはじめ、大徳寺の総見院、阿弥陀寺、安土城跡、高野山など各地にある。そのうち門前に「織田信長公本廟」の石柱が立つ阿弥陀寺（上京区寺町）には信長の遺灰が埋葬されている可能性が高いという。

　阿弥陀寺住職・清玉《せいぎょく》上人は事件直後、僧侶数人をともなって本能寺へ走り、信長の遺灰や討死にした織田家家臣の遺骸を持ち帰ったといわれる。上人は、幼いころ尾張の路上で難渋しているところを信長の父・信秀に命を拾われた。さらに養育され、奈良興福寺で修行を積み僧侶となった。上人は織田家に深い恩を感じていたのである。阿弥陀寺境内の信長墓所には、本能寺の変で戦死した嫡子信忠も合葬され、かたわらには信長の近習だった森蘭丸・坊丸・力丸三兄弟も並んで眠っている。

明智光秀　本能寺決起の因ともいわれる諏訪の事件

明智光秀（あけち・みつひで　一五二八？〜一五八二）
戦国時代〜安土桃山時代の武将。織田信長の家臣。美濃・明智の出身で、当初、朝倉氏に仕えたという。その後、信長の家臣となり、重用されて西近江や丹波の支配を任される。ところが天正一〇年（一五八二）、信長を本能寺に急襲殺害する。しかし、直後の山崎の合戦で羽柴秀吉に敗死。享年五五という。

明智光秀といえば、やはり多くの人は本能寺の変を思い起こすだろう。その本能寺の変のわずか三か月前、光秀も信長も信州・諏訪の地にいて、そこで本能寺に直結するような事件が起こっていたとなれば驚くのではないだろうか。

「信長が光秀を殴打したという事件がこの寺であったという話は知っていますが、さらに私はこんな言い伝えも聞いていましてね」と、法華寺（諏訪市）の住職は語ってくれた。話は初めて耳にする意外なものだった。

信長が本陣を置いた法華寺〈諏訪市中洲〉

武田攻めで信長は諏訪まで出馬して来たものの、自らは戦《いくさ》をほとんどしないうちに甲州・信州が平定された。率いてきた無傷の大軍の士気を鼓舞するため、信長は模擬戦を試みた。信長自らが一方の大将、もう一方は光秀。この模擬戦、なんと光秀の用兵の巧みさで信長は完敗したというのである。「もし実戦ならば全滅という大敗で信長の面目は丸つぶれ、光秀を恨んだ。これがもとで酒宴での光秀殴打事件となり、本能寺につながったというわけなんです」とのこと。

法華寺での酒宴の席上、武田滅亡を成し遂げたことに光秀が、「われら織田方、多年の骨折りがやっと実り申した」と言ったのを信長が聞きつけ、「おまえがいつどこで骨を折ったというのだ！」と激怒、光秀の頭を欄干《らんかん》に何度も打ちすえた。ドラマや小説でもよく描かれる有名な場面である。このとき、満座ではずかしめを受けた光秀は、信長への恨みを募らせついに信長打倒を決断した。もっともよく流布されている本能寺の変の怨恨説である。

しかし、殴打事件の前に信長の模擬戦大敗という伝承が事実だとすれば、模擬戦とはいえ、鬼神・信長に勝ったと、光秀が自信を深めたとしても不思議ではない。さらにそれがもとで満座の中で殴打されたとなれば光秀の心中は複雑だったろう。

茅野市に「明智屋敷」という地名があり、そこは模擬戦の時に光秀が陣を構えたところという。茅野市教育委員会の方の話では「模擬戦のことも明智屋敷の話も聞いたことがあります。『諏訪藩主手元絵図』という享保一八年（一七三三）諏訪高島藩五代藩主・諏訪忠林《ただとき》のころに作製された地図を見ると、現在の茅野市塚原あたりを明智屋敷と記しています。いまは地名として残っていません」とのこと。模擬戦は地元の人たちが言い伝えてきた話だという。

明智屋敷とよばれたあたりの高台からは、上川・宮川が流れる平地の向こう、西側の山沿いに法華寺が遠望できる。模擬戦とはいえ信長に勝ったのは大きな自信となったが、まさかそれで憎しみを受け殴打されるとは……。まさにこのときに光秀は信長を見限る決断ができたのではないか。そして信長打倒の芽が生まれたのではなかろうか、などと推測するのだが。

さらに光秀に信長打倒を決意させたと思われる決定的なことがあった。京都府亀岡市の、別名光秀寺ともよばれる谷性寺《こくしょうじ》。光秀が築いた亀岡城から西へおよそ一〇キロの静かな山里の寺である。境内に明智家紋所の桔梗《ききょう》の花が咲き誇るころ、この谷性寺から亀岡市の春祭

光秀寺ともよばれる谷性寺〈京都府亀岡市〉

り「亀岡光秀まつり」の武者行列がスタートする。天正一〇年（一五八二）六月二日未明、光秀は本能寺の信長を襲撃する直前にこの寺に詣でたという。「谷性寺略縁起」によれば、このとき光秀は本尊の不動明王に「われに一殺多生の降魔の剣を授けたまえ」と祈願し、京に向かったという。同縁起はさらに、光秀が信長を倒し高野山焼き討ちを阻止、本懐を遂げたとしている。

　本能寺の変の前年のこと、逃げた荒木村重の家臣を高野山が保護したことへの報復として信長は高野聖《こうやひじり》千数百人を捕え、京・安土などで斬首した。さらに信長は高野山攻めをも計画していた。信長・光秀が武田攻めで信州に在陣していたころから、高野山はひしひしと信長軍に包囲されていた。信長の命令一つで比叡山延暦寺に続き、高野山も焼き討ちとなること必至、その寸前だった。そこに突然本能寺の変の急報が入った。信長包囲軍は即刻総引き揚げとなり、高野山は大殺戮《さつりく》を免れたのである。まさに光秀は「一殺多生」の剣をふるい本懐を遂げたというのである。私はこの本能寺の変・信長非道阻止説にきわめて魅力を感じる。

福井市東大味の光秀を祀る明智神社。朝倉氏の居城・一乗谷城の近くで、神社は小さな祠《ほこら》と資料館と石仏で境内をなす。「ガラシャ夫人（光秀娘）誕生地」の碑もあり、当時の光秀の屋敷跡だったという。

明智神社〈福井市東大味町〉

「天正三年（一五七五）の信長の越前一向一揆大掃討で、このあたりの村々はほとんど焼き尽くされ、殺害された住民は三〜四万人におよんだといいます。ところが東大味の住民だけを掃討戦の指揮官の一人・光秀公がそっと救ってくれたというんです。その恩をずっと感謝して光秀公の神社を建て、代々祀ってきています」と、堂守の土井内儀太夫さんは語る。

光秀は朝倉氏に仕えていたころ、ここに屋敷を構えていた。その自分の屋敷のあった東大味の住民たちの恩に報いるため、事前に大殺戮作戦のあることを知らせ救ってやったというのだ。この話が事実だとすれば、光秀はなんと大胆なことをしたものか。信長に知れたら一大事ではないか。

信州諏訪の地で信長との模擬戦に勝ち、酒宴で信長に殴打されたとき、光秀の中でなにかがゆっくりと動きはじめていたのかもしれない。

森長可　鬼武蔵が見せたやさしさ

森長可（もり・ながよし　一五五八〜一五八四）
戦国時代〜安土桃山時代の武将。美濃・金山城主。のちに信長に臣従。武蔵守《むさしのかみ》を称する。ずば抜けた勇猛さで「鬼武蔵」の異名をとる。有名な森蘭丸（森成利）の兄。武田攻めの戦功によって北信濃四郡を与えられ二五歳で海津（松代）城主に抜擢される。信長死後、秀吉に仕えたが小牧長久手の戦いで戦死。享年二七。

天正一〇年（一五八二）六月、本能寺の変の凶報に、さすがの鬼武蔵・長可も全身の血の気が引いた。

信長より海津城主に抜擢されたものの、長く武田・上杉の領国だった北信濃の平定は困難をきわめた。長可の支配を良しとしない地元の国衆がたてこもった大倉城（長野市豊野町）を攻め、二〇〇〇余人の首をなで斬りにし、さらに人質を拘束した。わずか二か月前のことであった。信長の死が伝わると、たちまち国衆たちは反旗をひるがえし、長可は窮地に追いこまれた。

「ここにいては危ない、即刻美濃へ戻らねば。人質は多いほどよい」

「しかし殿、信濃の山道で多人数を引き連れるのは難儀ですぞ」

ともかく家臣らとともに、人質をつれて海津城を脱出した。即座に北信濃の国衆勢が押し寄せてきた。人質を盾にして美濃に逃げようとする長可。人質を取り返そうと追いすがる北信濃の土豪・地侍・農民たち。

聖湖畔の猿ヶ馬場峠。善光寺街道の難所だった〈千曲市・麻績村〉

追うも追われるも必死の小競り合い、にらみ合い。ジリ、ジリっと長可らは南へ向かう。そして海津城から南へ一五キロほど、現在の千曲市と麻績村の境にあたる猿ヶ馬場《さるがばんば》峠まで来た。この峠は信濃を南北につらぬく善光寺街道の最大の難所だった。ここでついに激しい戦闘になった。長可方はかろうじて信濃勢を敗走させ、その間に盾としていた人質を全員斬り捨て、南へ走った。

聖湖《ひじりこ》畔の峠に立つ案内板に「本能寺の変で急きょ引きあげる森長可が、この峠で盾の人質を斬り捨てている」と記されている。かくして長可はかろうじて信濃を脱出した。逆に殺された多くの北信濃の人びとにとってはまさに悪夢としかいいようがなかった。猿ヶ馬場峠・聖湖一帯は、行楽地となっており、湖には釣り人が多く、周囲には別荘が立ち並ぶ。ここで惨殺された北信濃の人びとの墓塔などは何も残っていない。

長可は、信長が一目置く猛将だった。気性が激しく、戦場では常に先頭を突き進み、あわてて家臣らが長可のあとを追っていくほどだったという。「百段」という名の大馬にまたがり、「人間無骨」という大槍を自在に操って戦場を疾駆する姿は、まさに鬼そのものだったという。天正一〇年（一五八二）の高遠城攻めでは、「長可、屋根の板引き破らせ鉄砲をこみたりければ…」（『常山紀談』）と、城の屋根板をバリバリとはいで、城内に突入したという。信長はそんな長可の剛勇に「まさに武蔵坊弁慶がごとし」と半ばあきれ、武蔵守《むさしのかみ》と名付けたという逸話が残るほどである。

さて信濃から逃れ、美濃へなんとか戻った長可はその後、金山城主に復帰して体勢を立て直し、秀吉に服した。

天正一二年（一五八四）四月、秀吉と家康の大一番、小牧長久手の合戦が勃発した。長可にとっては地の利をよく知った地元に近いところでの戦《いくさ》であった。戦は秀吉方が終始押され、そんな中で長可は銃弾に倒れてしまうのである。その日もいつものように長可は百段にうちまたがり、先頭で暴れ回っていた。しかし、井伊直政隊の放った銃弾が眉間を貫き、長可は落馬。すると首級を敵に取らせまいとなんと百段は、長可の前に立ちはだかってあるじを守ったという。人馬一体で戦い抜いてきた長可と百段だったということか。哀しい逸話である。

愛知県長久手町武蔵塚の長久手古戦場公園。近くに地名の由来となる「武蔵塚」、すなわち長可の墓所がある。長可が戦死した地という。塚の周囲には若き鬼武蔵の死を惜しむがごとく、たくさんの桜木が植えられていた。

森長可戦死の地に築かれた「武蔵塚」〈愛知県長久手町〉

最後に鬼武蔵の鬼武蔵たる逸話、またそれと真逆の逸話を書きとめておく。

瀬田（滋賀県大津市）の橋の完成直後に、長可が通りかかった。「まだ渡り初めしてございませぬゆえ、船にてお渡りを」「橋はできているではないか。渡る」「いや、それは困りまする」「うるさい」と押し問答になった相手を斬り殺した。

その話はすぐに信長に訴えられたが、「長可めが、あきれたやつ。仕方ない、我慢せい」と信長。

また、かつて長可のもとで悪さをした馬丁が他家の馬丁になっているのを偶然見つけた長可。いきなりこれを刺殺、その家では大騒ぎとなったが、この時は秀吉がなんとかまるくおさめたとか。長可には信長も秀吉もそうとう気を遣っていたことがうかがえる。

さて、真逆の話。小牧長久手の合戦で戦死する直前、友人の尾藤知宣に、「おまえは自分の娘を武士に嫁がせるなよ。嫁にやるなら医者だぞ」と遺言のごとく書き残したという。鬼といわれた長可の意外な言葉である。

さらに本能寺の変で、弟の森蘭丸（成利）を討ち取った安田作兵衛があらわれたとき、長可は一刀のもとに斬り捨てると思いきや、「武功は武功、召し抱えよう」と言い、周囲を驚かせたという。

なんと豪放無比な若大将だったことか。

上杉景勝

幻に終わった家康との大会戦

上杉景勝（うえすぎ・かげかつ　一五五六〜一六二三）
戦国時代〜江戸時代初期の武将・大名。母は上杉謙信の姉（仙洞院）、父は長尾政景。謙信の養子となる。謙信死後、もう一人の養子・景虎との争いに勝ち、後継者の座につく。天正一〇年（一五八二）、北信濃四郡を併合。その後、秀吉と同盟して佐渡・出羽へと領国を拡大。慶長三年（一五九八）、会津一二〇万石に国替えとなる。関ヶ原の合戦では家康に敵対し敗北、米沢三〇万石に減封となる。名高い直江兼続《なおえかねつぐ》は家老。没年六八。

生涯ほとんど笑わず、めったにしゃべらずという景勝像は、豪快な謙信のイメージとは対照的で、景勝の家臣らはこの寡黙《かもく》な主君を心底恐れていたという。

ある合戦の折、上杉の兵士たちは敵の猛烈な銃弾を避けいっせいに竹束の盾にひそんだ。そこへちょうど景勝が巡視に来た。それだけのことで兵士らはまた我れ先に竹束の盾の前面に飛び出したという。敵の銃弾より景勝の存在に恐懼《きょうく》したという笑えぬ逸話が残っている。

また、異色の武将として有名な前田慶次郎は、ある余興で居並ぶ諸侯の膝上に猿の真似をしながら順に座っていった。だがニコリともせずに端座する景勝の膝にだけは座れなかったという。

景勝は二四歳で謙信のあとを継いで上杉家当主の座に着いた。景虎（北条氏康の実子）との後継者争い（御館《おたて》の乱）は越後を二分した抗争となり国内は混乱したが、春日山城（新潟県上越市）を拠点とした景勝が勝利し当主の地位を得た。春日山城は謙信の城というイメージが強いが、景勝も城主としておよそ二〇年間にわたり居城としている。かなり険しい山城だが、多くの曲輪《くるわ》や景勝屋敷跡をはじめとして、おもだった家臣たちの屋敷跡が残り、山頂からは遠く高田平野や日本海を望むことができる。

頂から日本海まで一望できる春日山城跡（中央）〈新潟県上越市〉

景勝は城主となっておよそ五年の間、北陸・信濃からの信長の攻勢でかなり追いつめられ、すべてを賭けての信長との大勝負を覚悟したともいう。ところが、信長の急死は状況を一変させた。景勝は即刻反転攻勢に出た。北信濃四郡（水内・埴科・更科・高井）を支配していた海津（松代）城主・森長可《ながよし》が美濃へ退散する

景勝が築いた稲荷山城の城門〈千曲市稲荷山〉

と景勝はただちに出撃し、この地を奪い返した。謙信の時代にはもともと上杉の勢力が張り出していた一帯でもある。さらに府中松本城まで奪うなど、信濃へ深く侵攻した。しかし、徳川家康に後押しされた小笠原貞慶《さだよし》が反撃、中間に位置する善光寺街道沿いの麻績《おみ》城・青柳城など、貞慶と景勝による争奪戦は熾烈《しれつ》をきわめた。

千曲市の稲荷山城は、天正一二年（一五八四）ごろに景勝が善光寺街道の猿ヶ馬場《さるがばんば》峠からの貞慶の攻撃に備えて築城した。一時は貞慶に攻めこまれたが景勝方が反撃し、奪い返した。いまは宿場町の雰囲気が漂う街並みの中に城跡の名残がある。

実際に景勝自身は信濃のどのあたりまで出陣してきたかは不明であるが、飯山城、海津城などに城代を置き、北信濃はおよそ二〇年間景勝の領国として支配された。その後、秀吉に服し、小田原攻め、朝鮮出兵に従軍。このころ、景勝は五大老に列する大々名となった。ところが、景勝は会津への転封を命じられた。秀吉の命令は厳重で、「家臣はいうにおよばず家族・小者・中間もすべて移住せよ。違反者は成敗する」というものであった。これには、景勝も家臣も従わざるを得なかった。多くの家臣が先祖伝来の越後・北信濃の地をあとにして会津へ向かった。残った者は農民として土着、まさに近世の兵農分離の断行であった。

代々の上杉藩主が眠る上杉家廟所〈山形県米沢市御廟〉

その後、関ヶ原で敗者となった景勝は、会津一二〇万石から米沢三〇万石に減封され、以来明治まで米沢・上杉藩として存続した。

米沢市の上杉家廟所《びょうしょ》は、深い森の中に威厳あるたたずまいをみせている。中央に藩祖・謙信、左右に歴代藩主一二人の廟が並ぶさまは壮観で、景勝は謙信のすぐ隣に眠っている。信濃・越後から会津、さらに米沢への転封に多くの家臣が景勝に随従した。米沢市には北信濃に由来すると思われる姓が多く見られるという。春日・香坂・島津・須田・高梨・仁科・保科などである。戦国時代から江戸時代への過渡期に、北信濃から会津へ、さらに米沢へと翻弄された信州人の先祖の歴史が米沢の街にいまも刻まれているのである。

感情を表に出さず威風凛然《いふうりんぜん》としていた景勝は、父・謙信のような豪放な武勇伝とは無縁である。しかし、股肱《ここう》の臣として名高い直江兼続《なおえかねつぐ》とともに練りに練った「革籠原《かわごはら》家康迎撃作戦」は、もし三成挙兵の報が遅れ、合戦が火ぶたを切っていたならば関ヶ原をしのぐ歴史上大きな意味をもった大会戦となったかもしれない。

慶長五年（一六〇〇）七月、現在の白河市革籠原。景勝はこの原野に六万の兵を布陣、伏兵も巧みに配置し、上杉討伐で北上進撃してくる家康勢七万を待ち構えた。上杉のすべてを賭して「万死一生の戦せんと謀られし」（『常山紀談』）、すなわち乾坤一擲《けんこんいってき》の大勝負となるはずだった。ところが三成挙兵の報を知った家康は小山（栃木県）から反転して上方へ。大会戦は幻と消えた。

ではなぜ景勝は家康を追撃しなかったのか。背後を伊達・最上に突かれる恐れを懸念して、迎撃戦ならばともかく出撃は難しかったのかもしれない。詳しいことは不明である。

佐々成政　厳冬の北アルプス越え

佐々成政（さっさ・なりまさ　一五三六？～一五八八）
戦国時代～安土桃山時代の武将。尾張国出身。当初から信長の家臣として各合戦で戦功を挙げる。天正九年（一五八一）には越中支配を任され富山城主に。しかし信長死後、秀吉が台頭すると賤ヶ岳《しずがたけ》の合戦後に秀吉と対立。厳冬の北アルプス越え（通称さらさら越え）をして家康との連携をはかるも果たせず。その後は秀吉に服し、肥後国主を託されたが、藩政の失敗をとがめられ切腹。享年五三か。

佐々成政といえば酷寒の中、飛騨山脈踏破を成し遂げた武将としてつとに名高い。しかし、いまの装備をもってしても不可能、無理とする異見も数多い。

大町市平《たいら》地区、清流高瀬川の流れる静かな集落に立つこぢんまりした古刹・西正院、別名大姥堂《おおうば》。本尊の「大姥尊大権現坐像」は高さ四〇センチほどの木像で、御開帳は七年に一度、普段は拝顔できない。

大姥尊像を祀る西正院〈大町市平〉

大町市教育委員会によると、「安曇一帯から松本平にかけて見当たらない像です。大姥尊信仰の風習はこのあたりにもともとありませんから。ところが富山県は大姥尊信仰が昔からきわめてさかんということです」

この像こそ佐々成政が越中富山から雪の立山連峰・北アルプスを乗り越えて来たときに、この地にもたらしたものと伝えられているのである。

天正一二年（一五八四）冬、この村に氷雪まみれの武士団一行が忽然《こつぜん》とあらわれた。仰天する村人たち。見れば何人かは息も絶え絶え、凍死寸前の者もいる。ただちに村人総出で救護にあたった。一行は越中から立山連峰のザラ峠を踏破、いまの黒部ダム湖の谷底に下り、ふたたび急峻《きゅうしゅん》な雪山を登って針ノ木峠を越え、この村にたどり着いたという。村人たちの懸命の救助でやっと一命を取りとめた武士たちは村人に感謝し、何度も手を合わせたという。

この武士団の長が佐々成政だった。成政は命を助け、介抱してくれた村人たちに深く感謝

佐々家の居城・比良城跡〈名古屋市西区〉

して、その御礼にと富山から持参した大切な守り本尊の大姥尊像を贈った。そして体調が回復すると安曇から松本を経て、家康のいる浜松へ向かった。村人たちは、成政からもらった大姥尊像を西正院に祀ったというのである。

成政は、尾張国比良《ひら》の代々織田家に仕える佐々家に生まれた。成政が当主の座についたのは永禄三年（一五六〇）、桶狭間の合戦のあった年である。居城の比良城は、織田家の居城・清州城から東へ五キロほどのところ。城というより館であったろう。いまは名古屋市街の西区・長寿山光通寺の境内に碑が立てられている。

成政は信長に早くから認められ、直属の家臣として着実に戦功を挙げた。長篠合戦での鉄砲三千挺三段構え撃ちは、もともとは成政の着想ともいわれている。信長の命で鉄砲隊の指揮を任されていた成政は、元亀元年（一五七〇）の金ヶ崎城攻めや姉川の合戦のころに鉄砲二段撃ちを考案し、火縄銃の弱点を補っていたという。

天正三年（一五七五）、越前・小丸城主、六年後には越中・富山城主を命ぜられるなど順調に出世。信長の家臣としては柴田勝家・丹羽長秀と肩を並べる重臣となった。ところが本能寺での信長の急逝、さらに秀吉の急速な台頭は成政の運命を大きく変えた。

「さて、山崎・賤ヶ岳《しずがたけ》で勝利した勢いに乗る秀吉に服するか、本来の主筋である織田家の信長様の三男、織田信雄《のぶかつ》様に従うか……」と、成政はきわめて難しい選択を迫られた。秀吉と信雄は激しく対立していたのだからなおのこと難しい。成政と同じような立場にあった前田利家は秀吉に服した。熟慮の末、成政は決した。当時、東は上杉に、西は秀吉方の前田にはさまれていた成政は、厳寒の北アルプス越えを決断して、信雄を支持していた家康と結び、秀吉と戦おうとしたのである。ところが、やっと浜松へ着いたころには、信雄・家康はすでに秀吉と休戦和睦していた。落胆する成政は、結局秀吉の軍門に降るしかなかった。

秀吉は成政の人物を高く評価していた。成政の戦歴・出自などは秀吉も一目置かざるを得ない。富山城主だった成政に対していったんは第一線を退かせ御伽衆《おとぎしゅう》として仕えさせたが、二年後、肥後国主として抜擢した。来たるべき朝鮮出兵の兵站地《へいたんち》となる九州の肥沃な国を任せたのだから、成政への期待が大きかったことをうかがわせる。

しかし、残念ながら成政は肥後の治政に失敗した。天正一五年（一五八七）に勃発した大規模な肥後国人一揆を自らの手で鎮圧することができなかった。安国寺恵瓊《あんこくじえけい》らが助命を嘆願したが、秀吉から切腹の命が下った。

富山県立山町の一夜泊《いちやとまり》稲荷神社。一帯は北流する常願寺川流域ののどかな田園地帯。この神社の祭神は「成正大明神」、つまり佐々成政である。成政治政のころの伝承が残っている。荒れる常願寺川の治水工事を陣頭に立って指揮していた成政が重い病にかかった。心配した地元の住民たちが、成政の病気平癒をこの神社に願ったところ、たちどころに病は癒えたという。また成政はアルプス越え出発の際、ここで無事を祈願したともいわれている。

一夜泊稲荷神社から立山連峰を望む〈富山県立山町〉

なお、成政のアルプス越えについては、現在の糸魚川から姫川沿いを上流に信濃に向かうルートをとったという説なども唱えられている。

波乱万丈の生涯だった成政。肥後の支配が成っていたならば伊達政宗や前田利家などに匹敵する大々名・名将として名を挙げたことだろう。

石川数正　徳川の大忠臣か、裏切り者か

石川数正（いしかわ・かずまさ　一五三三？～一五九三）
戦国時代～安土桃山時代の武将・大名。愛知県三河の出身。松本城の初代城主。早くから家康に従い、岡崎城代などを務めた重臣。ところが天正一三年（一五八五）、突如家康のもとを去り、秀吉に臣従。のちに秀吉より松本城主を命ぜられる。文禄二年（一五九三）、朝鮮の役に出陣中、九州にて死去したという。享年六一か。

石川数正が三河出身と聞いて、驚く人は多い。数正に松本城主を命じたのは豊臣秀吉だが、数正はそれ以前に長く三河で徳川家康に仕えていたのである。

愛知県岡崎市の古刹本宗寺《ほんしゅうじ》。山門を入ると、巨大龍のような樹齢四〇〇年の松に迎えられる。数正の墓は本堂の脇、三間四方の石柱に守られ、新旧の宝篋印塔《ほうきょういんとう》が静かに並んでいた。「供養墓ということです。三河で数正公ゆかりの史跡は、当然とはいえここだけですね」と住職。

数正は三河において、主君・家康に背いた裏切り者として評判は芳《かんば》しくないという。

本宗寺の数正供養塔〈愛知県岡崎市美合町〉

石川家は松平（徳川）家譜代の家臣として、数正の父・康正のころより仕えていたようである。数正は家康が竹千代と名乗っていたころに近侍することとなった。家康一三歳、数正二二歳くらいのころであろう。家康が駿府の今川家に人質として送りこまれていた苦節の十数年間も、ずっと数正は付き従った。そして今川義元死後、岡崎で家康が独立した際に粘り強く交渉し、今川の人質として駿府にいた嫡男・信康と正室築山殿を取り戻したのはまさに数正の功績であった。

　また姉川、三方ヶ原、長篠などの合戦などにはかならず従軍して武功を挙げている。天正七年（一五七九）に家康が浜松城に本拠を移すと岡崎城代となり、名実ともに家康の重臣・筆頭家老となった。また本能寺の変後の決死の伊賀越え逃避行では、家康とまさに辛酸をともにして修羅場をくぐり抜け生還している。ところがそんな数正が突如、一族一党を引き連れ、徳川家から奔《はし》り去った。秀吉のもとに出奔《しゅっぽん》したのだ。忠義一徹、家康一途だった数正がなぜと、家康の家臣らは驚倒《きょうとう》、狼狽《ろうばい》した。

数正が出奔した前年、秀吉と家康は小牧長久手の合戦（愛知県）で相まみえた。もちろん数正は家康の陣中、すぐかたわらにいた。合戦は家康方の優勢だったが、主力どうしの衝突はなく和睦に。しかし、徳川方の家臣たちはまだまだ秀吉と戦う気力に満ちていた。

そんな中で秀吉との和議交渉を任された数正は、大坂城や秀吉の勢力の巨大さ、秀吉の全国統一にかける意気ごみに圧倒され、「いまの徳川では到底秀吉にかなわぬ、最後は破られる」と、しだいに和平論に傾いていった。しかし、徳川の家中では数正の交渉は弱腰に見え、不満だった。「臆病者」「腰ぬけ」などと非難を浴び、冷評された可能性は十分に考えられる。

数正が徳川家を出奔《しゅっぽん》したのは和睦交渉が成立したあとであった。徳川家中はあわてた。徳川家の軍事・経済あらゆる内情を知り尽くした数正が秀吉のもとにいけば、「秀吉、恐れるにたらん。いつでも来い」などと鼻息荒くしてはいられない。合戦などできるはずもない。

数正のねらいはそこにあったのではないだろうか。

「あえて裏切り者となり、身を捨てることで豊臣・徳川の衝突を避け、徳川を救ったのでは」「数正と、家康に忠誠を尽くしていた急進派の重臣・本多作左衛門重次との間に暗黙の了解があったのでは」「秀吉の家臣となり、数正は家康のための外交をしたのではないか」などと、さまざまな推測が生まれる。

秀吉の有力大名の重臣切り崩しは容赦なかった。伊達の片倉小十郎《かたくらこじゅうろう》、上杉の直江兼続《なおえかねつぐ》にも手はのびた。そして徳川の数正……。数正だけが、まさか破格の待遇に目がくらんだとは思えない。山岡荘八氏の大作『徳川家康』では、数正と本多重次の間に暗黙の妙所があったと描かれている。だが諸説あり、数正出奔の真の理由はいまもって不明とされる。

ともあれ、天正一三年（一五八五）晩秋、数正は一子・康長をはじめ一族郎党数百人を引き連れ岡崎を出奔、大坂へ向かった。このとき康長三二歳、父・数正は五二歳か。その後、数正は河内で八万石、さらに松本一〇万石の城主となって厚遇された。

女鳥羽川氾濫を鎮めるために祀った鎮神社〈松本市大手〉

数正・康長父子は、松本の城郭・城下町の整備、天守閣建造に熱心に取り組んだ。その熱意、足跡はいまも市街の随所に痕跡を残している。女鳥羽《めとば》川にかかる大橋近くの鎮《しずめ》神社。数正が女鳥羽川の氾濫《はんらん》のないことを祈って建立したものという。一説には現在のような北から南へほぼ直流する女鳥羽川の流路は数正の瀬替えによるもので、以前の川は城の北側を南西の方向に流れていたという。また城下町の平穏を祈って数正が街の東西南北に建てた十王堂は、現在東の堂が清水橋近くに残っている。

数正が松本藩主だったのはわずか三年のみで、朝鮮の役で九州へ出陣中に病死したという。葬儀は京で執りおこなわれたとも伝えられるが詳細は不明である。第二の故郷の建設に燃えた数正、志半ばの憤死といえようか。数正夫妻の供養塔は、数正が城主時代に保護した松本市山辺の兎川寺《とせんじ》に、また安曇野市の宗林寺に立てられている。兎川寺の建立者は不明だが、宗林寺は康長が建立したという。

宗林寺の数正夫妻の供養塔〈安曇野市明科〉

松本を石川家の故郷にとの思いは、二代藩主となった康長に引き継がれた。とくに松本城の城郭の整備、天守閣の建立は数正の悲願であり、康長が懸命に取り組んだのはいうまでもない。大天守の完成は、父の死から数年後の慶長二、三年ごろという。

なお松本市には数正・康長二代の子孫を中心に「松本石川会」が結成されており、毎年供養祭が開かれている。

仙石秀久　「無」から奮起、小諸城主となる

仙石秀久（せんごく・ひでひさ　一五五二～一六一四）
戦国時代～江戸時代初期の武将・大名。美濃の出身。小諸藩初代藩主。当初美濃斎藤家に仕えたが、のちに秀吉の家臣として戦功を挙げ、天正一三年（一五八五）には讃岐で一〇万石の領主に。ところが九州攻めの失態で秀吉の逆鱗《げきりん》にふれ改易。しかし、小田原攻めの功績を認められ小諸五万石の藩主に復帰。慶長一九年（一六一四）病死。享年六三。

秀吉の家臣といえば、石田三成、加藤清正、福島正則らが世に名高い。それに比して秀久はいかにも無名だが、当初の出世は早かった。裸一貫からのし上がってきた三成や清正らと違い、仙石家は美濃の豪族で代々土岐・斎藤氏に、秀久の代からは信長に仕え、その後は秀吉の配下となった。

以来、秀久は秀吉のもとでよく働き、古参の家臣として出世頭となった。秀久が淡路洲本に五万石を与えられたころ、清正や正則はまだ一万石に満たなかった。秀久から見れば、虎

（清正）や市松（正則）あたりはただの一兵卒だったのだ。

天正一四年（一五八六）からの九州攻めで、秀久は六〇〇〇の軍勢と長宗我部《ちょうそかべ》・十河《そごう》の四国の軍勢を率いて豊後《ぶんご》に渡り、島津勢一万あまりとにらみ合った。いわゆる戸次川《へつぎ》の合戦である。本隊到着まで仕掛けるなとの秀吉の厳命があったにもかかわらず、秀久は功を焦ったのか、全軍に攻撃命令を下した。しかし、相手は地の利を得る島津勢、徹底的にやられ完敗した。乱戦の中、長宗我部信親・十河存保《まさやす》が討死、そして総崩れ、退却。秀久は敗軍をまとめることもできず、海を渡って自国の讃岐まで逃げ帰ったというのだから秀吉は激怒して領地を取り上げた。秀久は兵の全滅を避け温存をはかったのかもしれない。だが軍令違反・大敗・敗走の大失態はとても許されるものではなかった。

流浪すること四年。その間、秀久は九州での汚名返上に燃えていた。と、そこに秀吉の小田原攻めが始まり絶好の機会が到来した。秀久は旧家臣や浪人を集め、家康に口添えしてもらい懇願して出陣を許された。

天正一八年（一五九〇）、二〇万の大軍勢が小田原城を囲んだ。小田原市郊外の石垣山は、通称一夜城とよばれる城跡である。小田原攻めで秀吉がここに、一夜で築城したように見せかけたといわれる山城跡から、いまも眼下に小田原市街、小田原城を睥睨《へいげい》できる。石垣山に

石垣山の一夜城跡から小田原城天守を望む〈小田原市〉

城が突如出現したとなれば北条方は仰天したことだろう。重臣を集めて「小田原評定《ひょうじょう》」なんぞしている場合ではなかったのだ。

秀吉が天下から動員した大軍勢が城を囲む中、その最前線に陣取ってひときわ目立つ武者がいた。旗印に「無」と大書し、身につけた陣羽織にはあらんかぎりの鈴をぶら下げた鈴鳴り武者。その武者こそ仙石秀久であった。この一戦にすべてを賭け、秀久はまさに死に物狂いで戦い抜いた。自ら陣頭に立ち十文字の槍を縦横に振りまわして。伊豆の山中城攻めで先陣を切り、小田原城では虎口《こぐち》の一つを抜くなど、その槍働きのすごさに周囲は度肝を抜かれた。

戦勝後、秀吉は感涙し手ずから金の団扇《うちわ》を秀久に与えた。箱根にいまなお残る地名「仙石原」は、このときの秀久の武勇に由来するといわれる。そして信州小諸五万石の藩主に復帰。九州攻めでの汚名を返上し、秀久は念願の大名としてその名をふたたび世に挙げた。

中山道・笠取峠の松並木〈長和町〉

秀久が小諸城に入ったのは天正一九年（一五九一）、以後関ヶ原・大坂の陣とも徳川方に味方した。以来二〇年あまり、藩主として安定した藩政を取りまとめ、小諸の城下町や領内を通る中山道の整備に力をいれた。重要文化財の大手門は秀久が城主時代の建造であり、笠取峠（小県郡長和町）に残る中山道の松並木は、秀久治世当時に整備されたものという。また市内本町には、秀久の名を残す「権兵衛坂」がある。秀久は通称権兵衛と名乗っていたことが所以である。

秀久は関ヶ原の合戦では、徳川秀忠の上田城攻めに出陣していた。しかし、秀忠は上田城の真田に手こずり関ヶ原に遅参、家康に烈火のごとく叱責された。このときには、秀久は秀忠のために懸命に弁明したという。かつての九州攻めの失態を思い起こしてのことだろうか。

以来、秀久は秀忠の信を深く得て、秀忠が二代将軍となってから譜代大名と同様の処遇を受けた。慶長一九年（一六一四）、江戸から帰藩する途中で死去。秀久は波瀾万丈の生涯を

芳泉寺の秀久公霊廟〈上田市常磐城〉

閉じた。

上田市常盤城の芳泉寺に秀久の霊廟がある。仙石家は秀久の死後、小諸から上田六万石へ転封となったからである。秀久が着用していた具足は上田市立博物館に現存している。さらに上田から播磨の出石藩へ仙石家は移封となり、現在、豊岡市立出石史料館に秀久が掲げた「無」の旗印が残されているという。

宮下英樹氏の歴史劇画「センゴク」は、秀久を「戦国史上最も失敗し挽回した男」として主人公にすえた大作で、平成一六年（二〇〇四）の発表以来、大人気を博しているという。冒頭に記した「秀久は秀吉の家臣として無名」という私見は訂正しなければならない。

真田昌幸　得意の「吊り野伏せ」で徳川軍を二度撃退

真田昌幸（さなだ・まさゆき　一五四七～一六一一）
戦国時代～江戸時代初期の武将・大名。真田信之・信繁（幸村）の父。上田城を築城した初代城主。当初、父・幸隆とともに信玄に仕え、信頼を得る。武田氏滅亡後は織田信長、豊臣秀吉に臣従しつつ戦国大名としての地位を確保。二度の上田合戦で徳川軍を撃退、智将・謀将の名を高める。しかし、関ヶ原合戦では三成方に味方して敗北、紀州九度山に配流となり、その地で死去。享年六五。

「よいか、初めは威勢よく攻め、しだいに負けたように退くのじゃ」

「殿、それは難しゅうございます」

「ここが勝負の決め手ぞ。負けたように、そして逃げるように退いて、敵をわが軍が待ち伏せする二の丸までおびき寄せる……」

「なるほど、そこではさみ撃ちにして一網打尽！」

昌幸得意の負けるふりをして退き、待ち伏せの地に誘いこんで叩く作戦を、家臣らに説く会話はこんな感じで始まっていくのであろうか。

だが口で言うは易し。この作戦は将校にも兵卒にも、徹底させて実行することは実に難しい。いや、戦国の合戦に限らない。現代でもまったく同じこと。勝っているとき、または物事が順調に運んでいるときに、引く・退く・抑える・自重するには、周到な準備と心構え、そして勇気が必要である。誰しも勝っているときは、勢いのまま押して攻めたくなるところ。

しかし、昌幸はこの「吊り野伏せ」ともいわれる作戦を二度成功させ、二度とも徳川軍を破った。そして、「真田昌幸侮りがたし」と、その名をいっきに四方へとどろかせた。

長野県上田高校の現在の正門は昌幸が築城した当時の藩主居館表門（寛政二年〈一七九〇〉再建）といわれ、門の左右に板塀と堀を配した威厳あるたたずまいである。

同校の校歌は次のように歌われる。

関八州の精鋭を　ここに挫《くじ》きし英雄の
義心のあとはいまもなほ　松尾が丘の花と咲く

上田高校正門〈上田市大手〉

「英雄とは昌幸公のことを指し、真田の精鋭で上田城を守り抜いた勝利を称えていると、生徒たちには説明しています」と教頭先生。

真田家は現在の上田市北方の旧真田町一帯を本拠とする小豪族だった。昌幸の父・幸隆は、同じ東信地域で勢力のあった村上氏と対立したが、甲斐から進出してきた武田信玄に臣従した。当初、真田の人質として甲斐に送られた昌幸だったが、しだいに信玄に見こまれ甲斐の名門・武藤氏の継承を命ぜられるほどとなった。ところが二人の兄が長篠合戦で戦死したため、三男の昌幸が真田の家督を継ぐこととなった。

幟旗が立てられた神川河畔〈上田市〉

そして武田氏滅亡。その後、甲信の情勢は混沌として定まらなかった。「北に上杉、東に北条、西から秀吉、南に家康。わが真田、いかにせん？」という難題、四方を大々名に囲まれた昌幸の去就の判断、これは難しかった。

第一次上田合戦（神川《かんがわ》合戦）が起こったのは天正一三年（一五八五）、信長急逝の三年後のこと。家康と北条の間で、弱小とみた真田の所領の沼田領（上野国《こうずけのくに》）の扱いを勝手に決めた。昌幸は強く異議を唱え、合戦となった。北条にも徳川にも従わず、真田の独立性を主張する勝負に出たのだ。

怒った家康が昌幸をねじ伏せようと、軍七〇〇〇を上田城攻めに向かわせた。昌幸は一子・信之（当時信幸）を従え、わずか二〇〇〇の兵でよく戦った。真田勢は敗走するふりをして二の丸まで徳川勢を誘いこみいっきに反撃。バタバタ討たれ逃げる徳川軍を信之率いる伏兵が奇襲して神川に追いつめ、さらに猛攻を加えたからたまらない。徳川の戦死者一〇〇〇人以上、真田はわずか四〇人たらずだったという。

真田大勝・徳川大敗に、世は仰天した。それも徳川勢は鳥居元忠・大久保忠世・平岩親吉などの名うての諸将が指揮をしていたのである。

さらに昌幸は、徳川にその後もう一泡ふかせた。一五年後の慶長五年（一六〇〇）第二次上田合戦である。関ヶ原に急ぐ徳川秀忠軍三万八〇〇〇の前に、またもや昌幸が一子、信繁とともに二〇〇〇の軍で立ちはだかった。西軍・三成方に味方したのだ。三日後に城を引き渡すと、降参するふりをしてその間に昌幸は合戦の準備をますます万全に整えていた。だまされたと徳川勢は怒って攻める。そしてまたもや大軍をおもしろいように翻弄して撃退、ついに秀忠本隊は関ヶ原に間に合わなかった。

ところが、関ヶ原では三成軍が敗北。それを聞いた昌幸は、さぞかし無念であったろう。もし西軍勝利なら秀忠の大軍を阻止して関ヶ原へ遅らせたその功績ほど大なるものはなく、百万石の大々名も夢ではなかったろう。敗将となって信繁とともに配流地へ向かう昌幸の無念の胸中いかばかりだったか。

城郭風の真田庵〈和歌山県九度山町〉

紀州九度山《くどやま》町の善名称院《ぜんみょうしょういん》（真田庵）は昌幸・信繁父子が流人として過ごした寺である。昌幸は家康との決戦を夢みながら大坂の陣が起こる三年前にこの地で没した。

大坂の陣では、大坂城に真田が入城したとの報に、思わず家康は「それは親（昌幸）か子（信繁）か」と、あわてふためいたという、家康はいかに昌幸を怖がっていたかを示す逸話が残っている。

昌幸の打倒家康の執念は信繁に受け継がれる。夏の陣で家康をギリギリまで追いつめたのは周知のごとくである。

真田信之

真田家存続に生涯を賭す

真田信之（さなだ・のぶゆき　一五六六～一六五八）
安土桃山時代～江戸時代の武将・大名。当初は信幸と称した。父は真田昌幸。信繁《のぶしげ》（幸村）は弟。武田滅亡後、父に従い第一次上田合戦では徳川勢と戦い、これを撃退。しかし、関ヶ原合戦では父・弟と袂《たもと》を分け徳川方に味方。戦勝後は上田藩主、そして元和八年（一六二二）に初代松代藩主となる。長寿で九三歳まで生きた。

栃木県佐野市犬伏の地は、広大な関東平野の北辺となり、すぐ北に唐沢山城の山並みが望める。ここに朱塗りの小じんまりとした赤い薬師堂が建っている。

慶長五年（一六〇〇）八月、昌幸、信之、信繁は重苦しい空気の漂《ただよ》う堂内で密談を交わしていた。三人の間には石田三成から味方へと誘う密書が置かれていた。関ヶ原直前のこの密談が、世にいう「真田犬伏の別れ」である。この話し合いで、信之は父弟と敵味方となった。真田の存続のためか、武士の意地か、豊臣への忠誠か、家康への反発か、その理由は定かでない。しかし、いかなる理由であれ、父子兄弟が敵味方となるは哀《かな》しい決断だったことだろう。物心ついて以来ずっと父と子は一心同体で、艱難《かんなん》をしのぎ、生死をともにして戦い抜いてきたのである。

信之の人物イメージは、勇猛な弟の信繁とは対照的といえようか。「温厚で冷静沈着な人物」「近世大名としての堅実で慎重な政治的・外交手腕をもつ」などと評価が高い。しかし、「信之公のもののふ魂、けっして昌幸・信繁に劣らず」ともいわれ、その一端を示すいくつかの逸話が残されている。

真田父子犬伏の別れの舞台・薬師堂〈栃木県佐野市犬伏新町〉

天正一〇年（一五八二）、信之一七歳のころ。信長の死で勢いづいた北条軍五〇〇〇の大軍によって、真田支配下の上野国大戸（手子丸）城は落とされてしまった。そこにわずか八〇〇の手勢で駆けつけた信之は、父親ゆずりの「吊り野伏せ」の作戦をみごとに成功させたという。まず、表門から城に攻撃をかける。わずかな兵と見て打ちかかる北条勢、逃げる真田、ますます追う北条。こうして一〇〇〇近くの兵を引き離したところ逆襲、同時に裏門に放火し、「裏切りだ」と叫ばせながら奇襲をかけた。大軍に油断している北条勢を分散させて不意を突いたのだ。北条勢大混乱、そこをすかさず信之本隊が表門から突入、城を奪い返したという。この合戦での信之の将器は、まさに昌幸・信繁以上であった。のちに徳川の世となってから、この合戦で城の守将の任にあった徳川将軍家旗奉行・富永主膳は信之の戦巧者ぶりを覚えていて絶賛し、何度か昔語りをしたという。

また徳川四天王の一人、本多忠勝の娘の小松姫は、家康の養女となり婿選びのため若き諸大名を広間に集めた。元来気丈な姫は平伏している大名のまげをつかみあげて、端から顔をのぞきこんでいった。誰もが恐れ入って黙ってなすがまま。ところが信之だけは、「なにをするか」と、鉄扇で姫の手を打ちすえたという。姫はこれに怒るどころか、この信之の正室になったという。

さらにこんなエピソードもある。元和八年（一六二二）、信之に上田から松代への移封命令が突如下った。禄高こそ加増されていたが、真田と縁の深い上田の地を去ることがよほど不服だったのだろう。検地の重要資料はすべて焼き捨て、城内の植木や灯籠《とうろう》などもことごとく持ち去ったという。

信之は昌幸の嫡男として生まれた。昌幸が信玄に臣従すると、甲府に人質として置かれていたという。その後、武田の滅亡、信長の急死という歴史の急変で父・昌幸があるじを北条、徳川、上杉、秀吉などとめまぐるしく変えていたころ、天正一三年（一五八五）、第一次上田合戦が起こった。この戦いでみごと徳川勢七〇〇〇に完勝した昌幸・信之父子の武名はおおいに高まった。信之はこのとき二〇歳、家康の重臣・本多忠勝は信之にほれこみ、娘を家康の養女として信之に嫁した。小松姫である。

以来、信之は家康傘下に組みこまれ、犬伏の別れからすぐに信之は昌幸・信繁のたてこもる上田城攻めにも出陣する。この第二次上田合戦では、昌幸・信繁の戦略が秀忠軍を関ヶ原に遅参させたという功績がよく称えられるが、信之も秀忠から裏切りを懸念される難しい立場の中で、戸石城を占領するなどの戦功を挙げた。関ヶ原戦勝後、上田城がそのまま信之に与えられた所以《ゆえん》である。

松代城跡〈長野市松代町〉

信之が着用していた着物・胴丸から推定すると、身長は一八五センチほどという。当時としてはかなりの上背である。信之の隠居を幕府がなかなか認めなかったのは、参勤交代させて江戸城で顔姿を見るためだったともいわれる。信州に籠もれば不穏な動きをしないかと、その巨体に不安を抱いたのかもしれない。

長国寺の真田信之霊屋〈長野市松代町〉

長野市松代町の松代（海津）城は、川中島合戦の舞台であり、多くの城主が歴史を刻んできた城である。現在は真田一〇万石の松代城跡と城下町の整備が進み、観光客も多い。真田家の菩提寺・長国寺には、三〇年以上も藩主の座にすわり、明治まで改易も転封もされず真田家を盤石に築いた信之が豪華な霊廟に祀られている。入母屋造《いりもやづくり》・こけら葺《ぶき》、黒塗りの桃山時代特有の建造物で、あの名工左甚五郎の彫刻などが施され一見に値する重要文化財である。

また松代真田家には、家康より拝領した家宝の吉光の脇差を収納し、三〇〇年間伝来した「吉光御腰物箱」がある。信之以来、藩主は最重要保管物として、藩士が昼夜寝ずの番をして警備したという。ところが明治になって開けてみると脇差のほかに、昌幸・信之が秀吉や家康から受け取った書状とともに、石田三成からの西軍参加を誘った書状も保存されていたという。発覚すれば真田家にとって不利になることが明らかなそのようなものを焼却もせず、寝ずの番まで置いてなぜ信之は代々守らせたのか、信之の心奥深くで青白く燃えていた怨念を想起させる。

真田信繁　家康を追いつめた「日本一《ひのもといち》の兵《つわもの》」

真田信繁（さなだ・のぶしげ　一五六七〜一六一五）
戦国時代〜江戸時代初期の武将。俗称で幸村という。父は真田昌幸。兄は初代松代藩主・真田信之。関ヶ原の戦いで西軍・石田三成方に味方、第二次上田合戦で関ヶ原へ向かう秀忠軍を翻弄する。しかし三成方が敗れたため、紀伊・九度山に父とともに配流される。大坂冬・夏の陣では豊臣方に参陣。家康に切腹を覚悟させるまで追いつめたが戦死。享年四九。

「家康、覚悟ッ！」

雄叫びを挙げ突撃する信繁。馬印《うまじるし》を伏せ、あわてふためく家康。戦場において本陣を示す自らの馬印の旗を隠すほど屈辱的なことはない。家康にとっては遠い昔に武田信玄に惨敗した三方ヶ原の合戦以来のことか。

慶長二〇年（一六一五）五月七日、大坂夏の陣決戦の日。この日ほどすさまじい疾風雷神のごとき信繁軍団はなかった。

幸村戦死地の安居神社〈大阪市天王寺区〉

信繁の作戦は、まず寡兵ながら信繁隊左翼の毛利勝永隊が射撃と突撃を繰り返しながら前進、やがてジリジリと後退する。すると家康本陣前面の大部隊はそのまま策もなく力攻めで押してくるはず。そのとき、家康本陣前が手薄になったところを、西方から迂回して明石全登隊が突く。すかさず、東側から信繁隊が突っこむという策だった。

ところが勇猛な毛利隊は白兵戦となると、退くどころかジワジワと攻めこんでしまった。戦場において退くことはいかにも難しい。仕方なし、作戦を総攻めへと変更せざるを得ず、毛利も明石も真田も一文字に家康本陣へ突撃を始めた。

家康が自害を覚悟したほどの猛攻は、「真田古今これなき大手柄」「真田日本一《ひのもといち》の兵《つわもの》、古よりの物語にも是なし」「当世の英雄真田に非《あら》ずして誰ぞや」などと、多くの古書に称えられ記されている。だが、徳川勢は土塁を押し出すような分厚い大軍の壁で徐々に真田・大坂勢をはねかえし、包みこむように攻め返してきた。つぎつぎと繰り出される新手の軍に、しだいに真田隊は追いつめられ討たれていった。疲労困憊《ひろうこんぱい》した信繁は、松の木に寄りかかっているところを敵に見つかり、そして討たれた。

大阪市天王寺区の安居天満宮（神社）は、真田信繁戦死の地として知られ、境内には信繁を称える石碑などが林立している。この地で息絶えたとなれば、敵陣の茶臼山からほとんど引くことなく、最期まで乱戦の中で戦ったのである。

真田山公園の「真田の抜け穴」〈大阪市天王寺区〉

大坂城本丸から南へ一キロほどのところにある真田山公園。信繁は夏の陣前年の冬の陣の合戦で、大坂城の出城としてこの場所に「真田丸」とよばれる曲輪《くるわ》を築いた。城の最前線に出城をつくり、およそ一か月にわたり徳川方の攻撃を撃退し、家康の心胆を寒からしめたのである。だが、夏の陣の際には大坂城の外堀は埋められて、真田丸もすべて打ち壊された。その真田丸が丘のような形で残り、いまは市民の憩いの場となっている。公園内には伝説の「真田の抜け穴」があり、采《さい》を振る信繁像が立っている。ちなみに公園近くの市立真田山小学校の校章は、大阪市章と真田の六文銭を組み合わせてつくられたという。

上田駅前に立つ幸村騎馬像〈上田市天神〉

家康は信繁を豊臣方から除かんと何度も裏工作をはかった。家康は「寝返ったら一〇万石、いや信濃一国をやる」と信繁に伝えたが、信繁はこれをがんとして受け入れなかった。二度目の誘いのときには、使者にすら会わなかったという。信濃一国とは誇大な話だが、武勇だけではなく信念の強い信繁の姿に多くの人は胸を打たれる。

信繁と袂《たもと》を分け関ヶ原で徳川方に味方し、のちに初代松代藩主となった兄の真田信之は、弟についてこう語っている。「性格は温和で辛抱強く、およそ猛将の感じはなかった。いつも物静かで怒ることはなかった」「信繁こそ一国を領するに値する器があった。天下に武名が響き渡るにふさわしい男であった」と。だからこそ信之は、関ヶ原の合戦後に自分の身を賭して、弟の助命を家康に嘆願したのだろう。

痛快な戦いをする勇猛果敢な武将像とともに、こうした強い信念と潔《いさぎよ》い信繁の姿に多くの人が共感するのである。

小笠原秀政

大坂夏の陣で憤死した松本城主

小笠原秀政（おがさわら・ひでまさ　一五六九～一六一五）
安土桃山時代～江戸時代初期の武将・大名。松本城主。父は貞慶《さだよし》。当初父とともに秀吉に臣従。初名は貞政、二一歳で小笠原家当主となり家康の孫娘を妻室とする。関ヶ原の合戦後の慶長六年（一六〇一）に飯田城主、次いで八万石の松本城主となる。大坂夏の陣に出陣し重傷を負い戦死。享年四七。

「今日はどうあっても先陣で突撃せねば小笠原家の面目が立たぬ。よいな、忠脩《ただなが》・忠政」

怒号のような父・秀政の声に二人は身を引き締めた。慶長二〇年（一六一五）五月七日、大坂夏の陣決戦の日。秀政は配下の将兵を従え、天王寺口の東軍陣頭に立った。

きのうの屈辱をかならずや晴らそうと決死の形相の秀政の耳には、大御所《おおごしょ》（家康）からのなぜ出撃しなかったのかという、とがめられるような一言が強く残っていた。

前日の若江の合戦において後詰の軍として出陣したが、ころ合いを見はからっているうちに、先陣の井伊隊の奮戦で勝負が決してしまった。その結果、「小笠原隊は臆して出撃しなかったのでは……」と告げられたらしいのだ。軍監から自重して控える指示があったのだが、秀政はそれをあえて弁解することもなく、ただただ家康の言葉に恥じていた。

陣頭の秀政は名馬・荒波に騎乗、金箔の孔雀《くじやく》風の尾が左右に付いた兜《かぶと》、黒塗りの甲冑《かっちゅう》をまとっていた。忠脩は碁盤、忠政は香車というそれぞれ駿馬にまたがり父に続いた。

この日の秀政は、先頭で槍をふるって暴れまわり、まさに夜叉羅刹《やしゃらせつ》、鬼神のごとし。しかし、激突した大坂方の毛利勝永隊は鋼鉄のごとく、手強かった。

乱戦の中、槍を折ってもさらに闘う秀政の姿を古書はこう記している。「(秀政は) 馬より下り従者の槍を取って、敵数多《あまた》突き伏せ、身に六ヶ所の痛手を負う」と。黒塗りの甲冑は血に染まり、ついに秀政は深傷《ふかで》のため意識を失い、その後絶命した。さらに忠脩も討死、忠政も負傷するという大乱戦の死闘だった。

戦闘の末、味方の東軍は大勝利、大坂城は落城した。その夜、東軍では戦勝にわいていたが、小笠原の陣営は悲しみに沈んだ。だが、この日の秀政・忠脩の戦死は、その後の小笠原一族の行方に大きな意味を持つのである。

松本市里山辺の古刹・広沢寺。山を背にした静かな寺をたずねると、一〇〇メートルほど

秀政・忠脩の眠る広沢寺の参道〈松本市里山辺〉

続くまっすぐな参道に並木をなす左右の堂々たるケヤキと杉の巨木が迎えてくれる。小笠原家の菩提寺で、住職も小笠原姓。本堂裏手の一段と高い山際に、石柱に囲まれ、秀政・忠脩は並んで静かに眠っている。二人の遺骸は大坂から京都に運ばれ荼毘《だび》にふされ、その後松本城下と飛騨山脈を望む高台のこの地に埋葬された。

秀政は京で生まれた。父・貞慶《さだよし》は、当時信州を離れ流浪の身で京にいたが、武田が滅び信長が倒れたあと、秀吉の天下になると家康の配下とされ松本城主へ返り咲いた。

秀政は人質として家康の家臣、石川数正に預けられた。秀政一四歳のころである。ところがその数正が突如、秀吉のもとへ奔《はし》った。それに秀政も従った。よって貞慶・秀政父子はふたたび秀吉に仕えることになった。以後、秀吉と家康の政治的駆け引きによって、父子の運命は大海の木の葉のごとく翻弄される。

翌年、秀政は初めて松本への帰国を許されたが、以後秀吉は小笠原家を家康の麾下《きか》とした。天正一七年（一五八九）、秀政は二一歳で家督を譲り受けて小笠原家当主となり、秀吉の仲介で家康の孫娘を妻室に迎えた。かつて石川数正に従った父・貞慶をいまだ家康が警戒していることに対しての、秀吉の家康への気遣いともいえた。

秀吉が大軍を擁し小田原北条攻めを発動したのはその翌年である。秀政は家康の命で松本から出陣、家康本陣近くに陣を構えて小田原城を囲んだ。落城後、秀吉の国替えの命により、家康は関東八カ国を領国とした。家康の国替えにともない小笠原家も移封となった。故郷の信濃の地にやっと戻ったというのに、秀政にとってはかなりの衝撃であったに違いない。転封先は下総《しもうさ》国古河。だが秀政は、忠節に徹した。与えられた古河城を堅固に修復して、江戸の北面で上杉・伊達から守る姿勢を示し、朝鮮出兵では三〇〇〇近くの将兵を家康麾下として動員し、また上杉攻めでは古河城に家康を出迎え手厚くもてなすなどして尽くした。

関ヶ原の合戦以後、その功績として信濃飯田五万石に封された。古河での一〇年あまりの徳川への献身的忠節が認められたといえよう。そして慶長一八年（一六一三）、ついに松本城主八万石へと加増され移封となった。苦節三〇余年の歳月だった。

前述のごとく二年後、秀政は大坂で戦死する。だが秀政のこの間の徹底した徳川への忠誠、そして忠死は小笠原家の信用度を高めた。その二年後、播州・明石一〇万石へ加増転封、一五年後の寛永九年（一六三二）には九州・小倉一五万石へ。以後この九州で秀政の子・孫

御殿山の貞慶・秀政・忠脩を祀る五輪塔〈松本市浅間温泉〉

袖留橋とよばれた緑橋の碑〈松本市深志〉

たちは豊後《ぶんご》・豊前《ぶぜん》などに領国を与えられ、小笠原一族は併《あわ》せて三〇万石以上と、大きく繁栄したのである。

松本市内・浅間温泉の御殿山の林中に三基の五輪塔が並んでいる。小笠原家を守り抜き再興して隆盛に導いた貞慶・秀政・忠脩のために、藩主の忠政（忠真）が立てた供養塔である。かつては廟所《びょうしょ》をなしていたという。まさにこの三代の苦難と死によって名門小笠原が復活したことを、忠政はよく知っていたのである。

その忠政の逸話が市内旧本町通り南端の長沢川に架かる橋、以前は「袖留《そでどめ》橋」とよばれた緑橋に伝えられる。

秀政・忠脩が大坂へ出陣する日、忠政は自分も出陣すると言い張り馬であとを追った。だが母は、「そなたが死ねばお家は断絶、思い止まりなされ」とこの橋まで追い、袖をつかんで止めた。母の手を振り切る忠政。涙する母の手にはちぎれた袖が残った。現在、袖留橋の名は松本市巾上の橋に刻まれている。

第四章　徳川の時代

福島正則　安芸・広島から上高井に配流された猛将

福島正則（ふくしま・まさのり　一五六一〜一六二四）
戦国時代〜江戸時代の武将・大名。尾張国出身。豊臣秀吉に仕え、賤ヶ岳《しずがたけ》の合戦で七本槍の筆頭として活躍するなど、数多くの合戦で抜群の武勇を示す。関ヶ原の合戦では徳川方の先陣をつとめ、その功により安芸《あき》・広島城主五〇万石の大名に。しかし元和五年（一六一九）、武家諸法度《ぶけしょはっと》違反により所領を減封され信州へ配流同然となる。五年後に死去。享年六四。

戦国随一の猛将として、福島正則を挙げる人は多いだろう。槍一本でとんとん拍子の出世また出世、ついには安芸一国の大守となった。ところがその一代の英傑が信州で静かに眠っていることは存外知られていない。

墓所は北信濃の小布施町岩松院。参拝者のほとんどは、本堂の天井に描かれた葛飾北斎の巨大な鳳凰《ほうおう》絵に目を奪われ、本堂の裏手にひっそりと建つ廟所を見過ごしてしまう。三間四方寄棟造《よせむねづくり》の簡素な板塀の建物。少し高く石垣を組み、前面に石段を配し、堂内中央に五輪塔

賤ヶ岳古戦場〈滋賀県長浜市〉

を安置する。猛将の名をほしいままにした正則は、静寂の中に眠っている。

福島正則は、市松とよばれた幼いころから豪傑の片鱗《へんりん》があったといわれ、その正則を親戚筋の秀吉が家来とした。

正則がその名を高めたのは、天正一一年（一五八三）、秀吉と柴田勝家が覇権を争った賤ヶ岳《しずがたけ》の合戦である。二三歳の正則は敵将・拝郷家嘉《はいごういえよし》を討ち取るなど、抜群の働きで賤ヶ岳七本槍の筆頭と賞讃され、ほかの六人の三〇〇〇石に対してとくに五〇〇〇石を与えられた。

以来、合戦のたびに大暴れし、「あいつの剛勇にかなうやつはおらん、鬼も逃げる」と周囲をあ然とさせた。出世街道を突き進み、九州平定後は伊予一一万石、朝鮮の役後は尾張清洲二四万石を得た。関ヶ原では東軍・家康方の最前線で戦い、功なって安芸《あき》五〇万石広島城主の大々名にのぼりつめ、まさに順風満帆の出世街道だった。

そんな栄光の正則の墓がなぜ、信州にあるのか。元和五年（一六一九）、正則は武家諸《ぶけしょ》

広島城〈広島県広島市〉

法度《はっと》違反により安芸領五〇万石没収を幕府から言い渡され、信州と越後内の四万五〇〇〇石の所領に減封、事実上の左遷・配流を言い渡された。洪水で破損した広島城の修築を幕府の許可を得ずに始めたことをとがめられたのである。何度か修築の許可を申請していたが、幕府は故意に返事を遅らせて正則を陥れたともいわれる。猛将正則、怒り狂って幕府と一戦交えるかとの周囲の予想に反し、正則はあっさりと広島城を明け渡し、配流地信州へ向かった。「わしは弓のようなもの。戦時には必要だが平和になれば土蔵にしまわれる……」と自らを悟ってつぶやいたとか。

小説やドラマではしばしば智恵のない猪武者《いのししむしゃ》として描かれる正則だが、実際はかなりの治政家であった。一八年間の安芸での藩政では実質石高を増やすために民政に相当力を入れている。さらに信州に移っても治水工事に取り組み、正則のつくったという堤防の一部が残っている。

また家臣思いと評判だった正則は、有能な家臣を多く育てていた。突然の減封で禄《ろく》を失った家臣に、正則公の家臣ならばぜひひと、多くの藩から召抱えたいという申し出があったという。逆にそんな正則だったからこそ、豊臣が滅亡して四年もたっているのに幕府は警戒して、反乱・謀反の核となることを恐れ、その芽を摘んだのかもしれない。

岩松寺正則廟所〈小布施町雁田〉

「よいか、御一同、三成めの挙兵は秀頼様を利用した天下取りの私的野心からじゃ。わしは断然内府公にお味方する！」

関ヶ原直前のあの小山評定《ひょうじょう》で、眼光鋭く豊臣恩顧の武将たちを恫喝《どうかつ》するがごとくにらみ、丸ごと家康方にしてしまった正則の大音声の場面。猛将福島正則のイメージは、ドラマで描かれることの多いこの場面が大きく影響している。そんな直情的な猪武者のイメージの正則が、有能な家臣を多く育て、浪人した家臣らは他藩から引く手数多《あまた》で嘱望されたという逸話は、心を和ませてくれる。

上高井郡高山村には、正則の屋敷跡が石垣を中心として保存されている。正則はここで死去するまで約五年間を過ごした。近くには正則が火葬された地も史跡として残されている。一帯は果樹園の広がるなだらかな松川の扇状地。西を望むと、善光寺平のはるか向こうに北信五岳の大パノラマが広がる。この絶景を眺めながら、正則はなにを思って晩年を過ごしたのだろうか。

正則の生まれ故郷・愛知県あま市二ツ寺には、正則生誕地の石碑や菩提寺・菊泉院の正則供養塔がある。なにより地元の英雄福島正則の名を冠した、「正則保育園」と「正則小学校」があり、保育園の壁に描かれたゾウやキリンのかわいい絵と猛将正則のイメージとがミスマッチでおもしろい。

正則保育園〈愛知県あま市〉

花井吉成

裾花川《すそばな》を瀬替えし、善光寺平を肥沃の地に

花井吉成（はない・よしなり　?～一六一三）
安土桃山時代～江戸時代初期の武将・政治家。家康の六男・松平忠輝の家老。当初は家康の近習として仕え、のちに忠輝の家臣となる。慶長一五年（一六一〇）、忠輝が越後・高田城主となった際、支配下の北信濃四郡を治める松代城の城代家老に抜擢され治政に力をそそぐ。しかし慶長一八年（一六一三）、大久保長安事件に連座して自害。

長野市篠ノ井小松原のあたり、中尾山温泉宿を通り過ぎてさらに山道を上って行くと赤い鳥居がある。狛犬を一対配し、平入りのこぢんまりした社殿が花井吉成を祀る花井神社である。広くない境内だが鳥居を背にして北に目をやると、吉成が一世一代、奮励して治めた善光寺平・川中島平、千曲川・犀川一帯を遠望することができ、実に眺めのよいところである。吉成を祀るに格好の地に違いない。花井吉成は信州の出身でもなく、城主・領主でもなかった。そのためか地元の北信濃の人びとにさえほとんど知られていない。それなのに吉成はな

花井神社〈長野市篠ノ井小松原〉

ぜ神社に祀られるまでになったのか。

花井家の出自は三河の松下一族という。早くから家康に仕えたが、その後家康六男の忠輝の家臣を命ぜられた。当初は家康から疎《うと》んじられていたという忠輝だったが、しだいに信頼を得て北信濃を支配する松代城一二万石を与えられ、さらに慶長一五年（一六一〇）、松代と併せて越後高田七五万石の太守となった。忠輝一九歳のころである。忠輝は高田城を居城とし、松代城の城代家老に花井吉成を命じた。当時は川中島藩ともいったようだ。

忠輝の家老としては大久保長安がもっともよく知られる。佐渡の金山など鉱山開発に才覚を発揮し、幕府に莫大な財をもたらした。長安が家老となったのは吉成とほぼ同じころだが、その後の長安は飛ぶ鳥を落とす勢いの出世で、幕閣の年寄（のちの老中）まで上りつめる。長安に比して吉成は、実直で目立たぬ家老だったようだが、両者の結びつきは深く、吉成は娘を長安の六男・長清に嫁がしている。だが、この縁戚関係が慶長一八年（一六一三）の「大久保長安事件」で災いとなってしまった。長安病死後、長安がおびただしい金銀を不正に隠匿していたとされ、吉成の娘婿となる長清はじめ長安の一族一党が多数断罪された。哀《あわ》れ吉成も、事件に連座した形で自害して没した。

花井神社近くから望む善光寺平。正面は皆神山〈長野市〉

花井神社境内に立つ顕彰碑は次のように刻まれ、吉成および子の義雄を讃えている。

「松代城代　花井遠江守吉成命　同主水正義雄命　二柱は父子に在し、共に善光寺平農業水利の開発、国道の改修、共に駅逓の新設等、国利民福増進に尽くされた大恩人である」

なかでももっとも大きな功績は裾花《すそばな》川の瀬替えという。葛山《かつらやま》と旭山の間より善光寺平に流れ出る裾花川は、当時、ほぼそのまま東流して千曲川へ注ぎ、現在の長野市役所や長野駅あたりは流路となっていた。その流れを、いまの長野県庁舎のすぐ西あたりからぐいと曲げて南流させ、犀川へ北から合流させるという大胆で、

西念寺の吉成の墓〈長野市松代町〉

かなりの難工事に吉成は成業したというのだ。この土木工事を成し遂げたことによって、善光寺門前の街並みや北国街道の洪水被害は激減した。また一帯の水田耕作を安定させ、北信濃に大きな利益をもたらしたのである。

このほか吉成は、城代家老の任にあった三年ほどの間に、犀川から取水する用水路や北国脇街道の改修などにも積極的に取り組み、善光寺平全体の近世の産業を大きく発展させる基盤をつくったのである。

吉成は松代の西念寺に眠っている。門前に吉成墓への案内板、墓前には吉成の業績を示す説明板がある。墓塔を背にして北に目をやると、吉成が開道したという鳥打峠あたりの山並みを望むことができる。残念ながら吉成の人となりがうかがえる史料はいまのところほとんどないという。

松平忠輝　諏訪に配流された家康六男の高田藩主

松平忠輝（まつだいら・ただてる　一五九二〜一六八三）
安土桃山時代〜江戸時代前期の大名。徳川家康の六男、二代将軍秀忠の弟。一二歳で信州松代（川中島）一二万石の大名に。慶長一五年（一六一〇）には、一九歳で越後高田領を加増され七五万石の太守へ。しかし大坂の陣での不祥事などを理由に改易・配流となる。天和三年（一六八三）、配流地の諏訪高島城にて死去。享年九二。

「茶阿《ちゃあ》よ、忠輝にこの笛を家康の形見としてやってくれ。信長公・秀吉公伝来の野風《のかぜ》の笛ぞ。聡明なあやつのこと、わかるはずじゃ、わしの形見が太刀でなく笛である意味を……」

家康のかたわらに仕えるその茶阿の方とは忠輝の生母であった。こう言い残して家康は元和二年（一六一六）四月、七五歳にてこの世を去った。忠輝は駿府城下に控えていたにもかかわらず、父との対面はついに許されなかった。

「（家康は）以の外の御怒りにて、城中へも入るべからざる旨仰下され、御対面も叶はざれば、忠輝詮方なく御城下の禅寺に寓居し」（『徳川実紀』）と伝わる。いったい家康・忠輝父子の間に、死に際にも会えないほどの深刻な関係が生じた原因はどこにあったのか。

高田城三重櫓〈新潟県上越市本城町〉

新潟県上越市の高田城は、慶長一九年（一六一四）、多くの大名の手伝い普請によって築城され、新たな忠輝の居城となった。現在は復元された三重櫓《さんじゅうやぐら》の優美な姿と四〇〇〇本の桜で名高い城址公園となっている。加賀百万石の外様・前田氏に対して北陸道でにらみをきかせるために、忠輝が高田城主として配置され、旧領の信濃・松代城主の支配地も併せ、禄高七五万石という太守となった。ところが二年後、父の死に目にさえ会えず、さらに改易。この間の忠輝になにがあったのか。

忠輝は生まれたときは面貌怪異。成人すると性格猛々《たけだけ》しく、「騎射万人に勝れ、剣術絶倫」、また海外の文物に興味を持ち、キリスト教の洗礼を受けたともいわれる。多種多芸な才能を持つ若殿として成長したのであろう。しかし、忠輝二四歳のときの大坂夏の陣を最後に勇猛で俊英な忠輝の能力を発揮する動乱の時代は終わった。

その才気あふれる若き忠輝に目を付けたのが、これまた戦国の世に遅れて登場してきた独眼竜の伊達政宗で、この若獅子を奉じて一波乱あわよくば天下を、と政宗の野心がうずいたという説がある。

忠輝と親交深かった平戸イギリス商館長リチャード・コックスの日記にこんなくだりがあるという。「元和二年（一六一六）一月ごろ、風評だが家康と忠輝の間に戦いが起こるらしい。忠輝の義父・伊達政宗（忠輝正室は政宗娘の五郎八姫《いろはひめ》）は忠輝の味方をするという。原因は家康が忠輝に秀頼亡きあとの大坂城を与えなかったからとか」。風評とはいえこれは穏やかでない。確かに大坂の陣は終わったばかり、天下は定まっていない。

忠輝と独眼竜が反旗をひるがえし、家康・秀忠や幕閣の狼狽《ろうばい》や困惑を示唆する記録などいまのところない。だが家康死去から三か月後、忠輝は兄である将軍秀忠から改易を命ぜられた。その理由は、次のようであった。

一、大坂夏の陣の出陣に遅参。
二、大坂へ進軍する途中、忠輝の軍列を乱した将軍秀忠の旗本を斬殺。
三、大坂の役戦勝の朝廷奏上の際、家康に同行せず舟遊びをしていた。

このような軽微な失態ならば叱責・閉門程度、改易・配流はあまりに重い処置で不可思議

市役所敷地内の忠輝を祀る祠〈諏訪市高島〉

である。何かよほどの事態が生じていたのであろうか。

忠輝は慶長八年（一六〇三）、信州・松代城主として下総《しもうさ》・佐倉から転封してきた。このとき、大久保長安が附家老《つけがろう》となった。三年後に伊達政宗の娘・五郎八姫を娶《めと》り独眼竜は忠輝の義父となった。のちに不正に金銀を隠匿したとされる大久保長安事件が勃発したとき、この「忠輝―長安―政宗」のつながりが疑われ、それがイギリス商館長の耳に入るまでになり、そのため家康・秀忠はその動乱の芽を早々に摘んだというのが、忠輝改易の理由といわれる。しかし、真相は闇の中である。

諏訪の高島城は、江戸時代には諏訪湖の中に突き出ていてまるで浮き船のような華麗な城だったという。しかし、現在の天守閣のそびえる本丸周囲は埋め立てが進み、湖岸までほぼ一キロ。また隣接の諏訪市役所庁舎や城南小学校敷地一帯は当時の城の南の丸だった。市役所駐車場の一角に松平忠輝館跡を示す小さな祠《ほこら》が祀られている。

忠輝は、元和二年（一六一六）、伊勢・朝熊の地に流され、二年後に飛騨・高山、そして寛永三年（一六二六）三五歳ごろ、三度目の配流地の諏訪高島城へ。以後、九二歳で死去す

貞松院忠輝公墓所〈諏訪市諏訪〉

るまで忠輝は諏訪の地で風雅に親しみ、ときには湖で釣りを楽しむなどして暮らしたという。附家老も料理人も茶坊主も置かれたかなりぜいたくな流人生活だったともいわれる。遠乗りもしたらしいが、ほとんどは城内の南の丸に幽閉された身だったようだ。また五〇人近くの従者の費用がかさみ諏訪藩にとってかなりの負担だったともいわれている。詩歌や歌舞音曲もたしなみ、「男なら一夜寝て見ん春の山」「戸を立てて僧入りけり秋の暮れ」などの句も残している。諏訪での流人生活五七年で死去。江戸の将軍はすでに五代綱吉だった。

上諏訪市街の旧甲州街道に沿った古刹・貞松院に忠輝は眠っている。「家康公から拝領した野風の笛は保存状態がよく、いまも奏でることができるでしょう」と住職。信長、秀吉、家康と天下人に伝えられた笛が茶阿局を通して忠輝に渡されたことから、家康との仲は修復されていたともいわれるが……。武人としての野心を捨て風雅を愛《め》でる文人として生きよ、という家康苦衷《くちゅう》の遺言の笛を忠輝がずっと握りしめ生きていたと思うと、その姿に一掬《いっきく》の涙を禁じ得ない。

保科正之　高遠から会津へ、幕政に尽くす

保科正之（ほしな・まさゆき　一六一一～一六七三）
江戸時代前期の大名。二代将軍秀忠の四男にして三代将軍家光の異母弟。幼名は幸松。生母が側室だったため、秀忠正室の目をはばかって江戸を去り、高遠藩主・保科正光の養嗣子となる。寛永八年（一六三一）に高遠藩主。その後、出羽山形二〇万石を経て、会津の二三万石の藩主に栄進して四代将軍家綱を補佐、幕政の重要政策を推進する。六三歳にて死去。

「正光、高遠にはおぬしの養子・跡継ぎがいると聞いたぞ。ならばわしが行っても意味がないではないか」

「幸松様、それは私の親族の子で跡継ぎではございませぬ。幸松様こそ保科家の跡継ぎでございます」

「間違いないのじゃな。ならば高遠へ行こう」

高遠藩主・保科正光との問答である。このとき、正之わずか七歳。これが七歳のいう言葉

樹林寺の保科正之公頌徳碑〈伊那市高遠町〉

であろうか。『名君保科正之公』によれば、正之は幼いころからかくのごとく物事を冷静に判断でき、聡明で筋を通す性格だったという。

元和三年（一六一七）、正之は母とともに江戸から高遠へ。以来、二六歳まで高遠の地で多感な若き時代を過ごした。高遠城跡の東、古刹・樹林寺には正之の高遠での一九年間の威徳を称える「保科正之公頌徳碑《しょうとくひ》」が立ち、生母お志津の方の供養塔が並んでいる。正之の母は志津（静）といい、江戸城内の奥女中だったため身ごもってすぐ城を下がり、縁あって信玄の次女・見性院宅に身を置き正之を産んだ。だが秀忠正室・江与（お江）の方が嫉妬深いという噂もあり、江戸での養育が難しかった。見性院は幕閣の内々の了解を得て、「将軍家の大切なお子、確かな者に任せねば」と、武田旧家臣だった高遠藩主・保科正光に白羽の矢を立てた。かくして正之母子は高遠へ行くことになったのである。

正之の養育に気を配った正光は、城下の建福寺の鉄舟和尚に学問を、家老・保科正近に乗馬や遠乗りなどを指導させた。正之は三峰川で水練などもしてすくすく育ち、正光亡きあと

高遠町歴史博物館の保科正之と生母の石像〈伊那市高遠町〉

二一歳で藩主の座に着いた。四年後、生母お志津の方が逝去。本来なら将軍の子とその母として栄《は》えある地位を得たろうが母子ともに隠忍の二五年間であった。

高遠城址公園すぐ南、高遠町歴史博物館の庭園に、正之母子の石像が静かに並んで立っている。少壮の正之の表情・姿が凛々《りり》しい。

正之の忍従と真摯《しんし》に過ごした高遠の日々が報われる日がきた。寛永一三年(一六三六)、「出羽国山形二〇万石藩主を命ず」の大命が下されたのである。時の三代将軍・兄の家光は、正之が将軍の弟であることをけっして誇示せず、江戸城内においては敷居際の末席に座り、常に一大名のごとく謙虚に振る舞う姿を高く評価していた。よって将来の幕閣をたのむ人物として大抜擢したのである。いきなり七倍近くの石高加増だったため、高遠から急きょ家臣を多数採用して山形に向かったという。「字さえ書ければよい」という程度で、農民・商人を武士に登用したとさえいわれるほど、あわただしい転封だったようだ。

鶴ヶ城天守閣〈福島県会津若松市〉

のちに正之はさらに会津二三万石へ加増・移封され、家臣らも山形から会津へ移った。現在、会津若松名物の辛み大根と焼き味噌を使った高遠そばは、正之に従ってきた高遠の人びとによって根づいたものという。

慶安四年（一六五一）、家光は死にぎわにとくに正之を枕もとへよび寄せた。そして、次期四代将軍の後見を託した。まさに託孤寄命《たっこきめい》、以後正之は、終生幕政に尽くしたのである。

幕政は、武断政治から文治政治への大きな転換期であった。この節目となる時期に幕政を担った正之は、教科書にも記載されるほどの重要事項を推進した。「末期養子の禁の緩和」「大名人質制度の廃止」「殉死の禁止」は、太平の世を築いた三大美事と称えられている。さらにいまも流路となっている玉川上水の開削計画は、江戸防備上の懸念を退け、「万民の利あってこその将軍の府城下」と主張する正之の決断によって、その開削が断行されたといわれている。また、明暦三年（一六五七）の明暦の大火では、「危急の時こそ蓄えた金銀を使うべし」と御金蔵が空になることを心配する老中たちの言葉をはねのけ支給を命じた。全焼した江戸城天守閣再建は町屋の復興と民政の安定が先、とこれも認めなかったという。

福島県会津若松城、通称鶴ヶ城。白虎隊とともに世に名高い白亜の城がそびえたつ。保科家は寛永二〇年（一六四三）、山形からこの地に転封となった。だが正之はほとんど江戸にあって幕政にあたり、藩政は高遠から随従してきた国家老の田中正玄・北原采女《うねめ》らが正之の命を着実に実行した。

正之の示した家訓十五箇条の施策の一つに、他藩および後世の模範となった社倉法という緊急凶作時のための米の積立制度がある。

「社倉は民のためにこれを置く。永利のためのものなり。他用すべからず」

他用すべからずとの文言に、正之の民政への堅固な意志が貫かれている。正之は百姓一揆の首謀者を過酷に処断したこともあったが、無私に徹した決断力と実行力のある日本史上屈指の政治家だったといえよう。

正之は終生松平姓を名乗らず保科姓に徹している。高遠で世話になった保科家の恩に感謝してのことだったという。昨今、高遠を中心に保科正之を大河ドラマにと運動する所以《ゆえん》である。ちなみに幕末の悲劇として有名な会津白虎隊の幼き隊士たちの祖先をたどると、高遠出身と思われる者が半数以上という。

赤埴源蔵

講談『徳利の別れ』の赤穂浪士

赤埴源蔵（あかばね・げんぞう　一六六九〜一七〇三）
江戸時代の武士。赤穂四十七士の一人。正式には重賢《しげかた》。講談などでは「赤垣《あかがき》源蔵」として登場する。父の仕えた飯田藩・脇坂家が寛文一二年（一六七二）、播州・龍野藩へ転封。その後、隣藩・赤穂藩の赤埴家の養嗣子となり、浅野家に仕える。吉良邸討ち入りで本懐を遂げ切腹。享年三五。

元禄一五年（一七〇二）一二月一四日深更《しんこう》、赤穂四十七士は江戸本所松坂町の吉良邸を急襲、明け方、仇《かたき》の吉良上野介《こうずけのすけ》の首級を挙げ、みごと本懐を遂げた。あまりにも有名な赤穂浪士・忠臣蔵の物語である。その四十七士の一人に飯田出身の赤埴源蔵が名を連ねる。赤垣源蔵の名で登場する講談『徳利の別れ』で知られる。
「義姉上、源蔵はしばらく旅に出ますゆえ、今日は兄上と一献交わしたく参上いたしました。

ご在宅でしょうか」

大酒飲みの源蔵を嫌う兄は居留守をつかう。すると源蔵は兄の羽織を貸してほしいと頼み、兄の部屋へ。

羽織を床の間にかかげ、その前に正座して頭を下げ、源蔵はなにやらつぶやいている。そして持参した徳利酒を一人で飲みながら羽織に向かってなにか話しかけてはまた頭を下げている。その仕草を隣の部屋からそっとのぞく兄。

「なにをしているのだ、源蔵は?」

しばらくして、

「義姉上、おじゃましました。兄上によろしゅう」

と羽織を返して去っていった。

「やっと帰ったか、ところでなにしに来たんだ、あいつは?」

と、いぶかったままの兄。

翌朝、江戸市中は早朝から赤穂浪士の吉良邸討ち入り事件で上へ下への大騒ぎ。それを聞いた源蔵の兄。

「まさかっ、あいつ」

と家を飛び出して大通りへ走る。すると四十七士が雪道を、整然と隊列を組み高輪泉岳寺へと歩を運んで行くではないか。その中に弟・源蔵の凛々《りり》しく晴れ晴れとした姿があった。

「源蔵！　源蔵！　兄を許してくれぇ！」

赤垣源蔵誕生地の碑〈飯田市大横町〉

飯田市大横町あたりは殿町ともいい、城下町の街並みの雰囲気をいまに残す。その街角に「赤垣源蔵誕生地」の標札が立っている。飯田城址から北西へ一キロほどのところ、源蔵の父・塩山十左衛門の居宅跡である。飯田での在住は幼いころのわずか四年ほどであるが、英雄四十七士の一人・赤埴源蔵はここで誕生した。源蔵四歳のとき、藩主脇坂家が転封で遠く播州・龍野藩へ。塩山家もそれに随従した。その後、源蔵はすぐ隣藩の浅野家家臣・馬廻二〇〇石赤埴家の養嗣子となった。養父は赤埴一閑といった。

主君・浅野内匠頭長矩《あさのたくみのかみながのり》が江戸城殿中にて吉良上野介に刃傷《にんじょう》事件を起こしたとき、源蔵は江戸藩邸詰めであった。

泉岳寺に並ぶ四十七士の墓。右端が源蔵の墓〈東京都港区高輪〉

主君の心労を身近で感じとっていたのだろうか。自分一人でも殿の仇を討つ、というほどの激派だったともいう。

討ち入り当日、源蔵は裏門隊に属し屋敷内への斬りこみ役を担った。事件後は細川邸に、大石内蔵助《おおいしくらのすけ》はじめ一七人とともにお預けとなり、翌年二月四日切腹斬首。介錯《かいしゃく》人・中村角太夫、戒名・刃廣忠劍信士。源蔵は四十七士の同志とともに高輪・泉岳寺に眠っている。

伝えられる源蔵の人間像は講談の「徳利の別れ」の物語とはかなり違うようである。酒はあまり飲めなかったといい、兄もいなかった。別れのあいさつに訪ねたのは妹婿の田村縫右衛門だったともいう。いつもと違うきちんとした服装で行ったところ、かえって赤穂浪士のふがいなさの嫌味をいわれたとか。縫右衛門があとになって悔いたのはいうまでもない。

兵庫県の赤穂城址を訪ねた。大手隅櫓《おおてすみやぐら》を眺めながら橋を渡り大手門を抜けて石垣に囲まれた枡形を行くと、大石内蔵助邸の屋敷門の前へ。内蔵助邸跡はそのまま大石神社となってい

大石神社参道に立つ源蔵の石像〈兵庫県赤穂市上仮屋〉

る。神社正面の鳥居に至るまでの参道左右には四十七士の石像が居並び、参拝者を迎えてくれる。

さらに境内の義士木像奉安殿には当代一流の彫刻家が四十七士を一人一体ずつ、形にはまらずそれぞれ自在に彫った木像が安置されている。赤埴源蔵は、赤堀信平氏作の雨合羽を羽織り、饅頭笠《まんじゅう》を左手に持ち厳しい表情の立像である。雪の中を兄の家へ別れに出向くときか、それともさびしくも決然と辞去するときの姿なのか、背後から兄の声が聞こえてきそうである。

吉良義周　赤穂浪士討ち入り後に高島藩預かりに

吉良義周（きら・よしちか　一六八六〜一七〇六）
江戸時代の高家旗本《こうけはたもと》・吉良家の当主。赤穂浪士の襲撃で首を討たれた吉良上野介《こうずけのすけ》義央《よしなか》（「よしひさ」とも）の養嗣子。父の米沢藩主・上杉吉憲《よしのり》は上野介の実子。よって上野介の実孫にあたる。討ち入り事件では赤穂浪士と刃を交えるも事件後、吉良家断絶。諏訪・高島藩お預けとなる。四年後に病死。享年二一。

忠臣蔵・赤穂浪士の物語はよく知られているが、その仇役の吉良上野介《こうずけのすけ》の子が諏訪に流されていたことはほとんど知られていないのではないだろうか。諏訪大社上社本宮の南隣にある法華寺山門前には「吉良義周《よしちか》墓」の石碑が立っている。法華寺は武田攻めに際して織田信長が本陣を置いた寺でもある。法華寺では、地元の供養会の人たちが墓所周辺の清掃をして吉良家の故郷の愛知県西尾市吉良町の方々と合同供養祭、交流会などが毎年六月におこなわれている。

元禄一五年（一七〇二）一二月一四日深更、赤穂四十七士が突如、江戸本所松坂町の吉良邸に乱入した。三〇〇〇坪もの広い邸内を一〇〇人ほどの武士が守りを固めていた。しかし、突然の襲撃で戦う支度もままならず、吉良の家人たちはつぎつぎと討たれていった。若き当主・義周もただちに太刀をとって闘った。しかし、浪士たちに囲まれ背中と顔を斬られ昏倒、気を失った。その間に父・上野介は首を討たれて義周の意識が戻ったころには首級を持って四十七士はすでに引き揚げていた。吉良側の死者は二〇人以上にのぼった。

吉良邸跡〈東京都墨田区両国〉

東京・墨田区の一角に、吉良邸の一部が残されている。三〇坪ほどの敷地を白なまこ壁の塀で囲み、当時をしのばせる本所松坂町公園となっている。公園内の碑には吉良家で討死した二〇人の名が列記されていた。

討ち入りから二か月後の翌年二月、義周は幕府評定所からよび出され沙汰を受けた。

「父・上野介を守れず、当日の対応不届き。よって吉良家は断絶、当主義周は諏訪高島藩にお預け」

義周は二月七日、諏訪へ送られることとなった。その日は四家にお預けとなっていた赤穂浪士全員が切腹した日でもあった。一〇〇人以上の高島藩士が甲州道中の移送の警護にあたり、義周の家臣二人が随行した。高島藩では義周を丁重に迎え、とくに罪人扱いはせず、城内の南の丸に居住させ左兵衛様とよんで世話をした。しかし、義周は生来病弱だったこともあり、宝永三年（一七〇六）、討ち入り事件から四年後に病死。遺骸は高島城の西、法華寺本堂の裏山に埋葬された。

古今東西どこでも嫌われ・憎まれ役の吉良上野介だが、領国の吉良での評判はけっして悪くないという。上野介が治水工事のために築いた堤防は「黄金堤《こがねづつみ》」と名づけられていた。私財を投じて築いたといわれる堤防は水害を防ぎ、黄金色の稲穂が実るようになったことから名づけられ、いまもその一部が残り上野介の功績を称える碑が立っている。また、吉良家菩提寺の華蔵寺《けぞうじ》には上野介の木像が安置され、門前に続く道には騎馬像

華蔵寺の上野介公墓所〈愛知県西尾市吉良町〉

が立てられている。吉良町の郷土玩具「赤馬」は上野介がよく赤毛の馬に乗っていたことにちなんでいるという。

事件以後の世間でのあまりの悪評に、地元では逆に上野介への強い同情と反発が生まれたのだろう。かつては、吉良の町周辺の映画館では忠臣蔵・赤穂浪士は上映しないともいわれていた。華蔵寺には上野介の墓のほか、諏訪の墓塔と似た義周の供養塔も立てられていた。

華蔵寺境内の標柱には討ち入り当日の吉良側の死者は、二六人と記されている。ドラマなどでは吉良方で登場する武士は小林平八郎と清水一学の二人が知られているが、そのほかは、「討死者、鳥居利右衛門、須藤与市右衛門、斎藤清左衛門、左右田源八郎、小堀源次郎……」知らない名前ばかりで四十七士とは大違いである。とくに義周の付け人は八人、さらに茶坊主も命を落としている。あるじを守るため、吉良方も実によく、応戦奮闘したのである。

江戸時代の川柳には、こんな句が詠まれている。

忠死でも　吉良の家来の　名は知れず

太宰春台　学者たちが恐れた学者は飯田出身

太宰春台（だざい・しゅんだい　一六八〇〜一七四七）
江戸時代中期の儒学者・経世家。春台が九歳のころ、飯田藩主・堀家に仕えていた父が浪人して江戸へ。春台も江戸へ出て学問に励む。但馬出石藩《たじまいずし》に仕官するもしばらくすると官を辞して遊学。古学・経世学などに造詣を深める。その後、江戸で荻生徂徠《おぎゅうそらい》に師事して頭角をあらわし、私塾・紫芝園《ししえん》を開設、多くの門人を育てる。著書の『経済録』はとくに名高い。享年六八。

旭将軍義仲も　仁科五郎信盛も
春台太宰先生も　象山佐久間先生も
みなこの国の人にして　文武の誉れ類なく

太宰春台は長野県歌「信濃の国」の歌詞で、真田信繁（幸村）や小林一茶、雷電為右衛門《らいでんためえもん》を差し置いて県の誉れと称えられている人物である。しかし、飯田出身でありながら在住はわずか九年間だったということもあって、県民になじみがない。

ところが長野県出身者で教科書にもっとも詳しく記載され、さらに大学入試などに頻出する歴史上の人物は誰かとなれば、太宰春台である。教科書には、「太宰春台は経世論を発展させ武士も商業をおこない、専売制度によって利益を上げるべきだと主張した」とある。鎖国下の江戸中期において一〇〇年後のわが国の資本主義化を見抜いていた先見性を持った学者であった。

「経世済民（世を治めて民を救う）」という中国の古典から「経済」という語を最初に使ったのは春台という。その主張をいくつか列挙すると、

一、経済こそが政治の中の基本的な要素である。
二、武士は農業の収益を得るだけでなく、自ら特産物を生産販売すべきだ。
三、「百工（技術者）ハ国ノ宝ナリ」。
四、経済の勉学に通じた者を「卑賤ヨリ挙《ア》ゲテ」身分を問わず政治に参加させるべき。

これらは江戸後期になると各地各藩でさかんに実践されるのだが、当時としてはきわめて先進的学説であった。

春台の生家跡は、飯田駅前から南へ直線にのびる中央通りに面したところにある。「太宰松」とよばれる大きな松の木と石碑が立つ広場は、飯田市街地の心なごむ空間となっていて、

太宰春台邸跡〈飯田市中央通り〉

県内で唯一の春台ゆかりの史跡である。春台の父が藩主・堀家に仕えていたころの飯田城は石垣をわずかに残す程度だが、二の丸にあった二の門（八間門）は、明治になって郊外の松尾地区に移築され、壮大な往時の姿をほぼ残している。江戸前期に建造されたといい、入母屋造《いりもやづくり》、二階建て、間口三間、左右四間ずつという長屋門は石落としを備え、まさに一見に値する建造物である。

　春台の父・太宰言辰《こととき》は飯田藩に武道の師範として仕えていた。しかし、春台は学問に向いていて暗記力と観察力がずば抜けていたという。日本六十余州の大名系図、領地、禄高、朝廷の官職などは一つの誤りもなく暗記、また友人から無理に頼んで借り受けた『大日本史』は、わずか数日ですべて暗記したという。その学才は飯田を離れたのち、諸国を歴訪してますます磨きがかかった。そして当代一流の儒学者・荻生徂徠《おぎゅうそらい》の門人となって筆頭格の弟子となった。三〇代半ばで紫芝園と名付けた塾を江戸・小石川で開き、多くの門人を育て、著作は『経済録』『論語古訓』『産語』など五〇冊以上におよんだ。

移築された飯田城の城門・八間門〈飯田市松尾〉

なかでも『経済録』は春台の社会経済政策論の集大成で、荻生徂徠の『政談』と並び称せられる名著といわれ、教科書にも代表作として記されている。春台は出藍《しゅつらん》の誉れとさえ称えられた。

春台は厳格にして礼節を重んじ傲岸不屈《ごうがんふくつ》の精神を持った学者で、師たる徂徠とも遠慮することなく白熱の対等な議論を堂々と交わしたという。またあるとき、春台は弟子とはいえ老中格の大名に対して、玄関先まで師たる自分を送迎しなかったことをきつくとがめ、「わしは聖人の礼節を説きに来ているのですぞ」と一喝したという。

また、武士も民衆もこぞって絶賛した赤穂義士を、浅野公断罪を決したのは幕府であり、仇は吉良でなく幕府に向けるべきで、吉良を討ったのは浪士らが名利を得んとしたからではないかと厳しく批判、これには世間も開いた口がふさがらなかった。かくのごとくけっして世に媚びない春台は学者たちが鬼神のごとく恐れる学者といわれた。

天眼寺の太宰春台の墓〈東京都台東区谷中〉

これではまるで学問一徹のごとき春台だが、意外にも詩文・文芸に優れ、音楽では琴曲《きんきょく》に精通していたというから驚く。とくに横笛は得意で、自ら竹で笛を作るほどの名人だったという。

春台は飯田を離れて以来、ついに信州の地を踏むことはなかった。だが著書などには「信陽（信州）春台」と記名しており、自分の出身・故郷は信州と思っていたようである。春台は東京・台東区谷中の古刹天眼寺《てんげんじ》に眠っている。葬儀の会葬者は門弟ら三〇〇人以上にのぼったという。また春台の遺言によって葬列に槍持ちを参列させ、棺中には木剣を納めたという。学者なれど、もののふの気概を最期までみなぎらせていた春台であった。

第五章　幕末の動乱期

武田耕雲斎　和田峠合戦、水戸天狗党を率いる

武田耕雲斎（たけだ・こううんさい　一八〇三～一八六五）
幕末の水戸藩・尊王攘夷派の武士。安政三年（一八五六）藩主・徳川斉昭《なりあき》の執政となる。斉昭死後の元治元年（一八六四）、尊王攘夷派が天狗党として挙兵、総大将・首領に推され、その素志《そし》を天皇に訴えんと中山道筋を京へ進軍。幕府から鎮圧を命じられた諏訪・松本藩兵と信州で合戦となる。行軍の末、越前にて全員降伏。耕雲斎ら三五三人死罪。享年六三。

「来た、来たっ、来たぞ！」

見張りの兵のかん高い声で、待ち構えていた兵士たちの顔に緊張が走った。中山道の和田峠を越えて天狗党の一行が進軍してきたのだ。峠から数キロ下ったあたりの一帯に松本藩・高島藩の兵士およそ八〇〇人が戦闘態勢を整えていた。

「あわてるな、よいか、あわてるでないぞ」という両藩隊長の声は震えがち。無理もない、みな実戦は初めてで、鉄砲さえろくに撃ったことがないのだ。そのため猟師たちがかり出さ

れていた。その猟師の発砲が合図となって、ついに合戦の火ぶたは切られた。

「おらとこの、杉蔵じっさがガマンできずに、ぶっ放したとさ」などと、地元にはまだ口伝えの合戦話が残る。

天狗党は即座に応戦、すさまじい銃撃音と砲音、弾丸に当たってのけぞる者、負傷する者、そして槍に突かれて倒れる者、戦いは両軍入り乱れての白兵戦となった。いざ合戦が始まると松本・高島藩の武士たちはよく戦った。突然、赤ら顔のまるで弁慶のような大男が天狗党から、大槍をビュンビュン振り回して突っこんできた。実はこの今弁慶こと不動院全海の突撃は囮《おとり》だった。耕雲斎は敵が全海らに目を奪われている間に、別働隊に左の山を迂回して側面から攻撃せよと命じていたのだ。

突然の新手の攻撃にあわてる連合軍に対して、すかさず総攻撃を命じる耕雲斎。連合軍は総崩れとなり、われ先にと敗走した。

当時近くの山の上や樹木にのぼって高見の見物をしていた人びとの、「あんなすごい戦《いくさ》は世界中どこにもない」「強いといっていた武士のあのだらしなさは情けない」などの見聞録がいまに伝えられている。

戦死者は松本藩士五人、諏訪高島藩士七人、天狗党一五人。オトリとなった不動院全海

和田峠の浪人塚〈下諏訪町樋橋〉

は暴れまくった末に討死したものの、夕暮れの山々に天狗党の勝ちどきは高らかに響いた。元治元年（一八六四）の晩秋の候であった。

平和な信州の山間で突如勃発した和田峠の合戦、ことは水戸藩内の熱烈な尊王攘夷派の激派と鎮派の抗争に端を発する。当時執政の職にあった耕雲斎は沈静化に尽力したが混乱はおさまらず、結局、激派の総大将に推され天狗党として挙兵することとなった。

そして「京の天皇と水戸斉昭《なりあき》公の子、一橋慶喜《ひとつばしよしのぶ》公にわれらが熱き尊攘の思いを伝えん！」と水戸を発ち西に向かった。総勢およそ一〇〇〇人、大砲一二門・小銃およそ四〇〇挺、大量の火薬弾薬を所持し、戦闘能力は充分。総大将・武田耕雲斎の堂々たる鬚《ひげ》をたくわえての馬上姿は威厳があり、人目を引いた。

ある旅人はこう書き残している。「武田耕雲斎は、黒葵の紋付、紫の陣羽織を着て、腰に黄金の采配《さいはい》、銀輪の鞍《くら》、鳥の羽打ち出しの兜《かぶと》……、騎馬武者二〇〇余人、荷駄五〇頭など、見る人の目驚かざるはなし」

そんな銃や大砲を持った物騒な天狗党を、当然幕府は取り締まらざるを得ない。幕府は信州の諸藩に、天狗党を封じこめ取り押さえるよう命じたが、一〇〇〇人におよぶ軍団をそうたやすく押さえることなどできない。多くの藩がおじけづく中、譜代の松本藩主戸田光則と、当時幕府の老中だった諏訪高島藩主諏訪忠誠《ただまさ》は、一戦を決意覚悟した。

下諏訪町の勇壮な御柱祭で全国に名を馳せる諏訪大社下社秋宮の社前の道路は、旧中山道と旧甲州道中の交差点である。中山道筋の国道一四二号線を北の和田峠方面へ六〜七キロほど行くと左手の公園のような緑地の中に水戸浪士の墓塔が立っている。中央に盛土、その前の分厚い巨大な自然石の墓碑に、横田巳之助、岡本久治郎、不動院全海、鈴木常之助、鈴木金蔵、大久保茂兵衛と、天狗党戦死者のうちで姓名のわかった六人の名が刻まれている。

一方、松本藩士戦没者の墓は下諏訪の慈雲禅寺の裏手、水月公園内に五基の墓塔が並んでいる。二基の大きい墓が士分、残り三基の墓塔は足軽の者という。

天狗党一行は下諏訪で一泊した後、伊那街道、飯田を経て美濃へ向かった。当時伊那・飯田は尊王攘夷論がさかんな地で、天狗党は畏敬の目で尊《とうと》ばれたという。一行が昼食をとった

今宮公園の水戸浪士通行記念碑（水藩志士留跡碑）〈飯田市今宮町〉

地という飯田市今宮公園には、「尊王義士甲子記念碑」「水藩（水戸藩）志士留跡碑」の顕彰碑が立てられているほどである。

しかし、信州から美濃へと進軍した一行の前途は厳しかった。中山道には幕命による天狗党封鎖ラインが敷かれていたのだ。天狗党は、「われらが目的は合戦にあらず。京に上り慶喜様にお会いすることが願い」と、中山道を避けて急きょ北の越前へ向かった。いまでさえ難所の急峻な雪の蠅帽子《はえぼうし》峠（福井県・岐阜県）を命がけで越えていく実話はため息の出るような苦難の連続で、峠の雪の中で何人もが死に、何頭もの馬が谷底に墜落したという。そしてやっとたどりついた越前の地。ところが、越前には北陸諸藩連合の完璧な包囲網が敷かれていた。しかもその兵力一万の総大将はなんと一橋慶喜だった。

将軍になる以前の慶喜にとって、反乱軍となる天狗党を取り押さえよという幕命に逆らえなかったのだ。総大将が、自分たちが頼みとする慶喜と知ったときの天狗党の落胆ぶりはいかばかりか、想像するにあまりある。

ついに耕雲斎は全面降伏を決意、すべての武器を差し出した。ところが無抵抗で降伏したというのに、幕府の処分は凄惨をきわめた。日本史上、このような大量斬罪、大量処刑の例はほかにない。斬首処刑は耕雲斎、その長男彦右衛門、副将・藤田小四郎をはじめとして三五三人、流罪者一三〇余人、一八〇余人が追放刑だった。悪魔も沈黙するようなむごい処刑が延々と何日も続いた。

のちに天狗党処断の一部始終を知った薩摩の大久保利通は、「かくも非道な幕府の扱いは、幕府が近々のうちに滅亡することを自らが示したものである」と怒りと嘆きを日記に記している。その予言通り、二年後に徳川幕府は滅亡する。それにしても天狗党はなぜかくも残酷に処置されたのだろうか。水戸で挙兵した当初の強引で乱暴な資金集めや仲間の誘い方などが顰蹙《ひんしゅく》をかい、一部の者の威圧的な態度などが「天狗」の語源とさえいわれたという。また松本・諏訪高島藩との戦闘は、幕府への反乱と決めつけられた。しかしながら行軍中、天狗党の一行は各地で実に礼儀正しく、丁重に村人と接し、多くは「浪士さま」などとよばれたともいう。使った民家や家屋もきれいに掃除し、食事の代金などもきちんと支払っていた。

松原神社の天狗党墓所〈福井県敦賀市松島町〉

水戸からも、信州からもはるか遠い福井県敦賀市。天狗党の墓所は鬱蒼《うっそう》とした樹木に包まれた松原神社にあり、静寂の中に耕雲斎らは祀られている。等身大の耕雲斎の銅像は、胸を張った勇姿で、その背後、石段を上った高い位置に高さ二メートルほどの墓碑が一五基屹立《きつりつ》している。斬罪者三五三人、行軍中の戦死者・病死者五〇余人、すべての姓名を刻んだ荘厳な墓碑である。彼らの命を賭した尊王攘夷の純な志を救う道はなかったのだろうか。

佐久間象山　育てた維新の志士は雲霞のごとし

佐久間象山（さくま・しょうざん　一八一一～一八六四）
幕末の兵学・洋学者。松代藩士。「ぞうざん」ともいう。幼いころから勉学に励み江戸へ遊学。藩主・真田幸貫《ゆきつら》が老中海防掛となると顧問として活躍。江戸で私塾の象山書院・五月塾を開き、吉田松陰ら多くの人材を育成する。元治元年（一八六四）、幕命により上洛。開国論・公武合体論などを展開するも同年七月、尊攘派に襲撃され暗殺される。享年五四。

佐久間象山は県歌「信濃の国」で「文人の誉れ」として称えられ、信州でもっとも有名な歴史上の人物といっても過言ではないだろう。その人物像はきわめて個性的である。幼いころはわんぱくだったが勉学にも一心不乱に打ちこみ、象山は天才にして努力家といわれた。類《たぐい》まれな知識欲、一歩もひかない堂々たる主張。その自信過剰ともいえる態度には敵も多かった。そんな象山を「疵《きず》（欠点）多き人物なれど、天下の英雄なり」と藩主・幸貫《ゆきつら》はなにかと引き立てた。この後ろ盾があったからこそ、象山という人物は開花したといえよう。

長野市松代町には象山の史跡が多い。象山を祀る象山神社の境内には、松代で蟄居《ちつきょ》していた高義亭と京都の鴨川沿いの寓居《ぐうきょ》だったという煙雨亭の茶室が復元されている。高義亭の一室には象山を訪ねて議論をかわした新進気鋭の若者、高杉晋作・久坂玄瑞《くさかげんずい》・中岡慎太郎の写真が掲げられている。また近くの象山記念館は墨蹟や書籍、実験用具などの遺品を数多く展示している。神社のすぐ隣には象山宅跡が白塀に囲まれ、ほぼそのまま残されている。社前に建つ象山の騎馬像も勇ましい。暗殺されたとき、象山は馬上の人であった。

象山神社門前に立つ象山騎馬像〈長野市松代町〉

象山が日本初の電信実験をおこなった鐘楼も当時のまま残されている。象山は信州に養豚の技術やジャガイモの栽培法をもたらし、ガラスや地震予知機なども試作した。堪能だったオランダ語を駆使して、オランダの百科事典から西洋の文物をおもしろいように吸収し実践していった。医学も詳しく、高杉晋作は蟄居中の象山に会う名目として患者を装ったところ許されたといわれている。

象山がほかの洋学者と異なる点は、単に西洋の文物の知識だけでなく、日本の将来についての強い主張を唱えていることである。幸貫が老中になった際に上申したという「海防八策」には、砲台設置や海軍創設などの国防策のほかに、「邊鄙《へんぴ》の浦々里々に至り候迄學校を興し」国民すべてが学べるようにすべきとか、身分にとらわれない人材の登用を薦めるなど、ペリーが来航する一〇年も前にこのような先進的提言をしているのである。

象山の逸話は枚挙にいとまがない。「わずか二か月でオランダ語をマスター、その間睡眠は一日二時間、あいつはいつ眠るのかわからんといわれた」「象山の塾は学習態度がきわめて厳格だった。吉田松陰も当初身なりをまず注意された」。

象山最大の業績は綺羅《きら》星のごとくの門弟を育てたことであろう。「象門の二トラ」といわれた吉田松陰（寅次郎）と、米百俵の話で有名な小林虎三郎のほか、勝海舟、橋本左内、坂本龍馬、河井継之助、加藤弘之など、そうそうたる顔ぶれが並ぶ。

とはいえ、象山の傲岸不屈な態度、進歩的な開国論・公武合体論などは尊攘派からとくに嫌われ、にらまれていた。周囲の者は身辺の注意を強く進言したが象山はほとんど耳を貸さなかったという。

元治元年（一八六四）七月一一日、京・高瀬川に沿った木屋町の通りを象山はゆっくりと

象山遭難の地のレリーフ碑。手前は高瀬川〈京都市中京区木屋町〉

馬に揺られながら帰宅の途にあった。白い馬、上背の大きさ、眼光の鋭さ、悠然とした姿は人目をひいた。正面から二人の武士が歩いてきた。別に気にもとめていなかったが、すれ違いざま、いきなり二人は象山に斬りかかった。一瞬、背に痛みを感じたが即座に馬を走らせた。だが、そのすぐ先に五、六人の武士が抜刀して待ち構えていた。象山はもう、彼らの鋭い太刀先をかわすことはできなかった。馬もろとも象山は斬られた。全身一三か所、象山は落馬して道に放り出され絶命した。わずか数分の惨事だった。

象山が暗殺された木屋町通り高瀬川河畔には、遭難地として象山のレリーフ碑が立っている。

象山の死に松代藩は冷たかった。象山が背中を深く斬られていたことを、武士としてあるまじきこととして、佐久間家を取り潰している。象山はけっして藩の英雄でも誇りでもなかったのである。暗殺者は、肥後の攘夷派・人斬り彦斎こと河上彦斎ともいわれるがいまもって謎である。作家・船山馨氏はその著『幕末の暗殺者』で、下手人を松代藩士として小説をまとめている。松代の佐久間象山記念館に、象山が暗殺されたときの西洋風の馬の鞍掛けが陳列されている。うすく茶に変色した白い部分は、象山の鮮血のあとという。象山は京・妙心寺境内の、奥まった塔頭《たっちゅう》・大法院に眠っている。

ほかに象山ゆかりの史跡としては、横須賀市東浦賀の旅館・徳田屋跡がある。徳田屋は建物が残るだけだが、その建物前の石碑に「吉田松陰　佐久間象山相会処（徳田屋跡）」と刻まれている。黒船来航と聞き、師弟は江戸から浦賀湾のこの突端までその目で確かめようとやって来て、黒船の巨大さに圧倒されたに違いない。書物のみの学者ではなく、まさに行動する学者だったのである。

徳田屋跡〈神奈川県横須賀市東浦賀〉

中岡慎太郎　松代の象山と激論、龍馬に勝る志士

中岡慎太郎（なかおか・しんたろう　一八三八〜一八六七）
土佐藩出身の幕末の志士。一七歳で武市瑞山《たけちずいざん》の道場に入門、坂本龍馬と知り合う。文久二年（一八六二）、信州・松代藩に佐久間象山を訪ねる。土佐で尊攘派への弾圧が起こると脱藩、長州藩に身を寄せる。以来、薩長和解工作に龍馬とともに奔走。慶応二年（一八六六）、薩長同盟締結をついに成功させる。しかし、翌年龍馬との歓談中に襲撃され死去。享年三〇。

京都東山区・霊山護国神社の龍馬の墓の墓参者は、一日に一〇〇人を上回るという。その龍馬の墓のすぐ右隣に肩を並べて眠っている人物が中岡慎太郎である。

慶応三年（一八六七）一一月一五日、二人は京市街の近江屋で冷たい手を温めながら、「やっと新しい時代が来るのう、龍馬よ」などと、談笑しているところを突如数人の武士に急襲された。

面会したいという人物の名刺を龍馬が見ていると、一人がいきなり龍馬に斬りこんだ。敵

中岡慎太郎寓居跡の碑〈京都市中京区米屋町〉

中岡慎太郎の墓。左が竜馬の墓〈京都市東山区清閑寺霊山町〉

は一人でなく、そのすぐ背後から別の数人がほぼ同時に中岡を襲撃した。二人はほとんど立ち向かうことができず斬られた。龍馬は即死、中岡は数日後に絶命。龍馬三三歳、中岡三〇歳。

近江屋跡は中京区河原町通りの一角にあり、「坂本龍馬中岡慎太郎遭難之地」の石碑と説明板が、近江屋と通りをはさんだ斜向かいには「中岡慎太郎寓居跡」の碑が立っている。

この事件からさかのぼること五年、文久二年（一八六二）一二月、江戸から中山道を西へ急ぐ武士がいた。その武士は信州・追分宿の分かれ道から北国街道へ進み、松代藩の城下へ向かった。当時松代で蟄居《ちつきょ》閉門中だった開明学者の佐久間象山に会うためであった。その武士こそ中岡慎太郎で、象山は新進気鋭の中岡を喜んで迎え、議論し意見をかわしたという。

象山を祀る象山神社（長野市松代町）は象山の生誕地

高義亭内に掲げられる中岡の写真（右端）〈長野市松代町〉

のすぐ隣にある。象山ゆかりの石碑などが数多く立ち並ぶ神社境内には、高義亭が復元されている。象山はおよそ八年間、この亭内で謹慎の身となっていた。当時は少し離れた場所にあったが、昭和になって現在地に移築改築されたという。高義亭二階の客間には中岡とともに久坂玄瑞《くさかげんずい》、高杉晋作の写真が掲げられ、それぞれが象山を訪ねたことがわかる。この部屋で象山は、中岡、久坂、高杉らと国の行く末について激論を交わしたのだ。当時五二歳だった象山の喜色満面たる顔が想像される。

　象山と中岡の間でいったいどんな議論がなされたのか詳細は不明だが、中岡の目的は象山を土佐藩に招き入れることだった。もともと尊攘派だった中岡が開国論者の象山を訪ねたのである。時代は大きく動いていた。外国の事情にくわしい象山の識見を中岡も土佐藩も必要としていた。しかし、結局象山を土佐に招くことはできなかった。象山は意見をかわした中岡について、「すこぶる頑固な人で激論となった」と語ったと伝えられる。

坂本龍馬の陰に隠れてしまった感のある中岡であるが、同じ土佐出身で陸援隊の幹部だった田中光顕《みつあき》（のちの宮内大臣）は、「中岡さんは其の識見、其の手腕に於いて、坂本さんより遥かに優って居ったと思います」「こう言う活眼の人が維新後まで生残って居たなら、吾々土佐人の肩身も一層広かったであろうと思う」と書き残している。同じく土佐出身の板垣退助は、「中岡は立派に西郷、木戸と肩を並べて参議になるだけの人格を備えていた」とも。作家・司馬遼太郎氏は小説『龍馬がゆく』の中で、「中岡は、桂小五郎や大久保一蔵（利通）よりは性根もすわり、人物、才幹も上なのではあるまいか」としている。

中岡は龍馬と違い、自説を論策としてまとめて残している。とくに『時勢論』は中岡の思想およびその変遷がよくわかる重要な著作といわれる。また龍馬の海援隊はつとに有名だが、中岡も死去する五か月前に陸援隊を組織している。長州の奇兵隊にならった尊王攘夷の志を持つ脱藩した浪士たちで結成し、中岡はその隊長となった。

教科書には、「坂本龍馬、中岡慎太郎らの仲介で軍事同盟の密約を結び（薩長連合・薩長同盟）……」とあり、二人の名は同格に並べられて表記されている。龍馬ばかりが昨今もてはやされているのはいかにも残念である。

京都の円山公園の龍馬と中岡の二人が並ぶ銅像は、龍馬が胸を張って立ち、中岡は片ひざをついて左手に太刀を持つ。二人とも同じ虚空を見つめる清らかな表情をしている。霊山護国神社の中岡・龍馬の墓の周囲には驚くほど多くの幕末の志士たちの墓柱が並ぶ。その数およそ二〇〇〇。ほとんどが二〇代の、幕末に散って逝った若き志士たちである。

あの松代の高義亭で白熱の議論を交わした象山も中岡も、高杉、久坂もみな、明治の新時代を見ることなく逝った。京都の街並みを一望できるこの地で、中岡らはいまも日本の行く末を見守っているかのようだ。

赤松小三郎　議会政治を最初に唱えた上田藩士

赤松小三郎（あかまつ・こさぶろう　一八三一〜一八六七）
幕末の上田藩士。洋式兵学者で政治思想家。議会政治の先唱者。江戸で勝海舟などに師事、長崎ではオランダ人から天文学・兵学などを学ぶ。その後、京都で開塾。薩摩藩から招かれ、中村半次郎・村田新八・東郷平八郎らに英国式兵学を教える。また翻訳書『重訂英国歩兵練法』を出版。英語に堪能で海外の政治に精通。三七歳のとき、京都市中にて暗殺される。

その日、夕闇濃くなった京の街を小三郎が足を急がせていると、突然暗がりから数人の武士があらわれた。

「誰じゃ？」と言うか言わぬかのうちに一人がいきなり斬りかかってきた。瞬時にかわしたものの二の太刀、三の太刀を肩と腰に受け、小三郎は昏倒した。おぼろげな瞳の隅に見知った暗殺者の顔を見て息絶えた。故郷の上田に帰る前日の、あっという間の凶事だった……。

小三郎が暗殺された地は京都市下京区和泉町の東洞院通《ひがしのとういんどおり》。東本願寺に近いが観光客などの

小三郎落命の地〈京都市下京区〉

姿はなく、いまも人通りは少ない。「贈従五位赤松小三郎先生記念」と刻まれた石碑は、道路脇にポツンとさびしげに立つ。碑文を終焉地でなく「記念」としたところに小三郎の死を惜しんだ人たちの気持ちがにじむ。

人斬り半次郎と異名をとった薩摩の中村半次郎、のちの桐野利秋はその日記に、「幕奸（幕府のスパイ）ゆえに小三郎を斬った」と独白しているという。小三郎の弟子でもあった中村がなぜ師を殺《あや》めたのか。小三郎はたんなる兵学者ではなく、将来の日本の政治情勢にも確固たる識見を持っていた。しかし、朝廷・幕府を融和させるいわゆる公議政体論は、武力討幕路線の薩摩の藩論とは相入れなかった。また小三郎が薩摩の軍事状況に詳しくなっていたことも警戒されたようだ。暗殺の背後に薩摩藩の意向が強く働いていたのかもしれない。

小三郎は上田藩士・芦田勘兵衛の子として生まれ、赤松家の養子となった。藩校の明倫館に学び、一八歳で江戸遊学、その後長崎に赴き、測量術・航海術をオランダ人より学び、また英語にも堪能になった。小三郎が京都に居を構え開塾したのは三五歳ごろである。塾生には薩摩藩士から新選組まで加わって、門弟は八〇〇人ともいわれた。英国の兵学などにも通暁していた小三郎は、薩摩藩の依頼で『重訂英国歩兵練法』も著した。

小三郎の偉大さは死の四か月前に提出した松平春嶽《しゅんがく》への口上書によって知ることができる。そのおもな内容は「官吏は家柄によらず人選する」「議政局は上下の二局制とする」「下局の議員は諸国より数人ずつ、道理の明なる人を自国および隣国人の入札（選挙）にて選抽する」「各地に学校を設置して人材を育成する」「農民税負担の公平化をはかる」など。

上田城跡公園の東郷平八郎揮毫の顕彰碑〈上田市二の丸〉

口上書が提出されたのは慶応三年（一八六七）五月。のちに出された坂本龍馬の「船中八策」の内容とあまりに酷似しており、龍馬は小三郎の建白書をもとにして書いたのでは、といわれるほどである。

小三郎の死からおよそ四〇年後、かつての教え子で薩摩出身の東郷平八郎は上田を訪れ、小三郎のために揮毫《きごう》した。その字は巨大な顕彰碑となって上田城跡公園内に建立されている。東郷が小三郎から教えを受けたのは一九歳ごろで

赤松小三郎記念館〈上田市常磐城〉

あるが、その恩を忘れなかったのである。

小三郎は京・黒谷金戒光明寺《こんかいこうみょうじ》に眠っている。また上田市内の月窓寺の墓には遺髪が納められた。明治時代の末、信濃毎日新聞の主筆・山路愛山《やまじあいざん》は、「信州男児よ、記憶せよ」「議会政治を最初に唱えしは土州人（坂本龍馬・後藤象二郎）にあらずして信州男児なり」「是豈《これあに》愉快なる事実に非ずや」と、健筆をふるったという。

平成二三年（二〇一一）、上田市内に赤松小三郎記念館が完成した。白壁土蔵を改築したものだが小三郎ゆかりの品々が数多く陳列され、今後の小三郎研究の拠点となるに違いない。すぐ近くの小三郎生誕の地には、顕彰会により石柱が建てられている。

小三郎は講義で人材の登用に関して「外国の亡国の例を見ると、多くは身分や階級にこだわったために人材を野に棄て、貴族と称する輩が専横をふるった」と強調したという。小三郎が松平春嶽に口上書を呈して以来一〇〇年あまり。その小三郎の危惧はそのままいまの日本にも通じているのではなかろうか。

堀直虎　将軍慶喜に意見を具申した須坂藩主

堀直虎（ほり・なおとら　一八三六～一八六八）
江戸時代、幕末の大名。須坂藩一万石堀家の第一三代当主。若いころから西洋の文物に関心が強く「唐人堀」などとよばれる。二五歳で藩主となり、大胆な藩政改革を断行、洋式軍制なども導入した。その実績がかわれ、慶応三年（一八六七）には幕府の若年寄兼外国総奉行に抜擢される。しかし、翌年一月、江戸城中にて突如自害。享年三三。

「今夜は城中にて泊まりとなる。迎えは明日昼ごろ来るように」

直虎はこう言い残して屋敷を出た。慶応四年（一八六八）一月一七日のこと。だが翌日、直虎は物言わぬ人となって帰ってきた。

その日、登城した直虎は若年寄として将軍・徳川慶喜《よしのぶ》に対して、何事か意見具申したという。しかし、直虎の意見に将軍は得心せず憤然と座を立った。その直後、直虎は自刃《じじん》した。

鳥羽伏見の敗戦で形勢不利となった慶喜が、海路大坂から江戸へ退却してきたのは一月一二日。これには江戸城中もあわてた。そして、新政府軍に降伏・恭順するか、それとも徹底抗戦するかで、幕閣はもめにもめた。そんな激論の中での直虎の死を賭した慶喜への意見具申とはなんだったのか。私はこんな推測をするのだが。

「上様、かくなるうえは上様はじめ幕閣みな腹切ってあい果てましょうぞ。さすれば無念なる屈辱的な恭順・降伏でもなく、また無謀なる徹底抗戦にもなりませぬ。よってこの直虎、本日は死装束にて登城つかまつりました」

慶喜はあきれたのか、驚いたのかそのまま席を立って去ってしまった。直虎は登城する際、死装束を持参していた。そして将軍に死を迫った。しかし、それを拒まれたのだから、このままではすまない。直虎はそのまま城内西の丸で覚悟の自害をした。諫死《かんし》というべきであろう。

直虎は江戸に生まれ育ち、若いころから蘭学や洋式兵学を熱心に学び、英国騎兵練兵書の翻訳ができるほど英語も堪能だった。自らを「ストレートタイガー（直虎）」などと称し、兵隊訓練の号令をオランダ式で統一、衣服も洋風を好み、カメラも使ったというから好奇心旺盛なおもしろい殿様だったようだ。

直虎一七歳のとき、ペリーの黒船が来航、直虎は強烈な衝撃を受け、蘭学や西洋式の兵学にのめりこんでいったに違いない。砲術を学ぶにあたっては上田藩士・赤松小三郎の兵学の影響も強く受けたといわれる。直虎は大砲を須坂藩陣屋近くの鎌田山に据えて試射したというから、藩主としてかなり長く須坂に在藩していたと考えられる。

直虎の積極性・意欲は洋学だけではなかった。文久元年（一八六一）、藩主になると思い切った藩政改革にも取り組んでいる。藩の借財がふくれ、賄賂《わいろ》が横行するのは、旧守派の藩家老らに責任ありと断じ、家老など四人切腹、永暇《ながのいとま》・藩籍除外三〇余人という処分を断行、新体制をつくったのである。このような直虎の積極的な治政を幕府も認め、文久三年（一八六三）には大番頭《おおばんがしら》に就任。以来、江戸に詰めて幕政に参画。慶応三年（一八六七）一二月に若年寄・外国総奉行に抜擢され、自刃はそれからまもなくのことであった。

直虎の亡骸が城中から屋敷に運ばれてきたとき、迎えた大奥（実母）は、「よくぞ死んでくれました」と涙したという。おそらくこの間の直虎の心中を察しての言葉であろう。

直虎がどのような意見を慶喜に述べたのか、いまだ判然としない。だが果断な藩政改革を実施した直虎ならば、前述のような大胆な直言を将軍にしたとしてもおかしくない。しかしながら、諫死について勝海舟はその手記に「直虎乱心自害」と記していて、死の真相はいまだ不明である。

堀家はさかのぼっていくと尾張・奥田氏の出という。藩祖堀直重が元和元年（一六一五）に須坂に立藩を命ぜられ、以来外様大名だったが転封されず明治を迎えている。堀家代々の須坂藩陣屋の跡は現在、須坂小学校と奥田神社となり、境内に立つ鐘楼が往時の面影を残している。銀杏《いちょう》の巨木が迎えてくれる興国寺は、堀家の菩提寺で臥竜公園の東に位置し、寺の前を百々川《どどがわ》が流れる。寺の裏手から長い石段を登っていくと堀家の墓所となり、その一番奥まった高いところに直虎の廟所は築かれている。また陣屋跡の奥田神社は直虎を祭神としている。

臥竜山の直虎公霊廟〈須坂市臥竜〉

かつて田中角栄元首相がここを参拝した際、「わたしは須坂と親戚」と演説して須坂市民をびっくりさせたという。当時の角さんの東京の邸宅・目白御殿はかつての堀家屋敷跡だったというのだ。
直虎は東京都心・赤坂の種徳寺《しゆとくじ》に眠っている。近くの報土寺にはあの無敵力士雷電が眠る古い街並みの一角である。種徳寺境内の直虎の墓塔が立つ小高い墓地からは、赤坂サカスなどの高層ビル群が一望できる。直虎はいま、どんな思いでこの光景を眺めているのだろう。

相楽総三　下諏訪宿で処刑、赤報隊の無念

相楽総三（さがら・そうぞう　一八三九〜一八六八）
本名小島将満《まさみつ》。幕末の志士。江戸の出身。赤報隊《せきほうたい》隊長。慶応四年（一八六八）、総三の建白によって新政府の方針となった画期的な「年貢半減令」を中山道各地に布告しながら、討幕軍先鋒の赤報隊隊長として進軍。しかし、その後新政府が布告を変更、赤報隊は「偽官軍」とされ下諏訪宿で捕らえられ処刑。享年三〇。

「大勢の見物人が捕まった偽官軍の者たちを見に来たそうです。『なぜ捕えるのだ、わけをきかせろ！』としばられた武士らが大声でわめく中、相楽総三だけはじっと目を閉じ、冷たいぬかるみに座していたそうです」

こんな口伝がいまも地元に残っている。

慶応四年（一八六八）三月二日の氷雨降る夜、総三ら赤報隊員数十人は諏訪大社秋宮のケヤキの大木にしばりつけられていた。

下諏訪宿本陣跡〈下諏訪町横町〉

その日、下諏訪宿本陣に京からの新政府軍総督府本隊が到着。すると和田峠近くに先着して滞陣していた総三ら赤報隊に軍議に出席するようにとの要請があった。ところが行くと即座に総三らは待ち構えていた兵士に取り囲まれ捕縛《ほばく》の身となった。そしてそのまま厳寒の戸外の冷たい雨の中に翌日までしばり置かれた。夕刻取り調べもなく罪状のみ告げられ、総三ら幹部八人はただちに斬首された。有無を言わせぬ断罪であった。

下諏訪町の相楽塚（魁塚《さきがけ》）は、旧中山道の道筋から一段高い位置に築かれている。塚の中央に立つ自然石の墓碑には斬首された相楽総三（江戸）、渋谷総司（下総）、大木四郎（秋田）、西村謹吾（伊勢）、竹貫三郎（秋田）、小松三郎（土佐）、高山健彦（駿河）、金田源一郎（館林）の八人の名が刻まれている。

みな二〇代の若者で、出身地でわかるように全国各地から集まった熱血の草莽《そうもう》の士だったといえよう。この相楽塚は事件の二年後、赤報隊の純な心情を偽官軍としたままではあまりに哀《あわ》れと、同情を寄せる地元の人たちが処刑地を墓所として建立した。いまも毎年命日（新暦四月三日）に供養の相楽祭が催される。

相楽総三の本名は、小島四郎将満。父は下総の豪農だった。一家が江戸に移り住むと総三は学問・武芸によく励み、二〇歳のころには私塾を開き、国学・兵学を教えたというから相当の俊才だったに違いない。

万延元年（一八六〇）三月、桜田門外の変が勃発。衝撃を受けた総三は私塾を閉じ、関東・甲信越各地をめぐり尊王攘夷論者や国学者らを歴訪、天下国家を論じ、しだいに倒幕論へ傾いていった。その後、京に向かいここで薩摩の西郷、大久保らと知り合ったことが総三の運命を大きく変えた。当時幕府に大政奉還され、武力討幕のきっかけを失っていた薩摩の西郷らは、熱血漢の総三に幕府挑発の画策を密かに頼んだ。即諾した総三は江戸へ飛んだ。そして三田の薩摩屋敷に集まっていた倒幕論の浪士らや薩摩藩士とともに幕府をさかんに挑発する騒乱を起こしたのである。

その挑発にのって怒った幕府方は慶応三年（一八六七）一二月、薩摩藩邸を襲撃。総三は炎の中を脱出して京へ。朝廷方はこれを引き金に武力討幕を決定、鳥羽伏見の戦いへとつな

相楽総三らの処刑地・墓地の相楽塚〈下諏訪町魁町〉

がっていくのである。

西郷と総三の策はみごとに成功した。総三はかねてからの持論である全国年貢半減の建白書を新政府へ提出、「総《すべ》テ当分租税半減被仰付候《おおせつけられそうろう》」の裁可を受けた。歓喜する総三はこの画期的な年貢半減令を高々とかかげ、新政府軍先鋒の赤報隊隊長として勇躍江戸を目指して進軍した。総三の理想は幕府から権力を奪取することより、純粋に農民・民衆の苦難をなくす新時代を築くことにあった。そこに総三の偉大さがあり、悲劇があった。

年貢半減令はしばらくして密かに撤回されていた。新政府軍に軍資金を提供する豪商らから、年貢半減では今後の財政が立ち行かないと強く撤回を要求されていたのである。すでに総三らは年貢半減を近江・美濃から信州への中山道方面へ声高らかに布告して進軍、各地で狂喜の大歓迎を受けていた。

困った新政府は、「年貢半減令無効、先発した赤報隊は偽の官軍」と、すべてを赤報隊の独断とした。総三の運命はこのとき決まった。

中山道の美濃（岐阜県）垂井《たるい》宿に「赤報隊顕彰碑」が立てられている。高さ約二メートルの立派な石碑である。新時代の到来を告げる赤報隊に地元から、多くの若い人びとが賛同し、ともに江戸へ向かったという。その熱い志士たちの行動を顕彰したのである。民衆の夢を一

赤報隊顕彰碑〈岐阜県垂井町岩出〉

時成し遂げたかに思えた総三だったが、無念にも偽官軍・無頼の徒とされ歴史の闇に葬られてしまった。

事件からおよそ六〇年後の昭和三年（一九二八）、総三の孫・木村亀太郎氏は祖父の正当性を徹底して調べ尽くし、ついに偽官軍の汚名を返上、総三は正五位の位階を得た。木村氏は祖父・総三の身の潔白を証明するため刻苦精励、板垣退助伯爵邸には六度訪問し、ようやく面会がかなった。板垣は「わしがいればあんなこと（斬罪）をさせはしなかった……」と語ったという。

あの斬罪の日、総督府本隊付として下諏訪宿にいた大山巌、その元帥邸を訪ねて三度猛犬に追われ、三度拒否されついに会えなかった。詳しい事情を熟知していた大山は、板垣の紹介状があったにもかかわらず木村氏との面会を意図的に避けたのだろうと、作家の長谷川伸氏はいう。この木村氏の忍従と執念の調査「木村亀太郎泣血記」は、長谷川氏の著『相楽総三とその同志』に掲載されている。長谷川氏は諸史料を詳細に探究調査、総三のみならず多くの赤報隊員の熱く生きた姿を書き留め、後世に伝えたのである。

ちなみに処刑された隊士として総三ら八人のほかに、赤報隊先遣隊の幹部・桜井常五郎、小林六郎、中山仲の三人がいる。桜井と小林は佐久の農民出身（中山は上州）である。

彼らは「貴藩は朝廷方か、幕府方か」などと街道筋の藩に迫り、上田・小諸藩に五〇〇両を献金させた。しかし、その後赤報隊が偽官軍と知らされ、怒った各藩は桜井らを捕縛した。先遣隊には多くの信州人が加わっていた。新政府軍の先鋒という自負が故郷に錦を飾った意識となり、言動に多少の行き過ぎがあったのかもしれない。

農民たちは年貢半減令にいかに狂喜したことか。桜井らはそれを道々で告げる役目に胸を張っていた。その熱情が痛々しくもある。中山道と北国街道が分岐する三差路近くの野原で桜井ら三人は斬首された。総三らの処刑から三日後のことだった。

あとがき

「信州往来もののふ列伝」の連載が「松本平タウン情報」紙で始まったのは平成二三年(二〇一〇)一月で、以来現在まで続けさせてもらっている。

しなのき書房から出版化のお話があったのは連載が始まって二年後、ほんとに狂喜するお話だったにもかかわらず、集中力のない私は以来、ずるずると日を過ごし、原稿のまとめが遅れに遅れてしまった。編集部の方々には大変ごめいわくをかけたことを、あらためてこの場をお借りして深くお詫びしたい。

この七年間、多くの歴史上の武将・もののふたちの「死」を垣間見てきた。が、なぜかまた、私の近辺に「死」が重なった。

亡き妻は歴史にあまり興味はなかったが、俳句に親しんでいたこともあって、しばしば文の表現や言い回しの助言をしてくれた。だが私の機嫌をみて多くは黙っていたようだ。もっと語ればよかった。亡くなったその年のその月だけは連載を延期した。

一〇二歳まで生きた亡き父は昔から信玄・謙信が好きで、父の本棚に並んでいた『甲陽軍鑑』『信長公記』『関八州古戦録』『常山紀談』は実によく使わせてもらった。出版化を楽しみにしていたが、間に合わなかった。

そして忘れてならないS女史さん。ある会合で初めてお会いした時、連載を「毎回興味深く読んでますよ」という。以来数回お会いするたびに感想・助言をきかせてもらった。また一度は連載激励の投稿までしていただき大きな励みになっていた。ところがしばらくお会いすることなく、一〇か月ほどたったある日の訃報は激烈な衝撃だった。

「人間みな死ぬ」とはいえ、今生きていればまちがいなく出版を喜んでくれる三人もの人がいないことはなんとまた哀しく寂しいことか。この書の出版を亡き妻、亡き父、亡きSさんに報告し、冥福を祈るばかりである。

幼いころから武将や剣豪が大好きだった。歴史の真実・事実はそれはそれ、楽しい逸話・伝承・口承を好んで追った。ゆかりの地を足繁くあちらこちら訪ねた。なかなか見つからない史跡捜しが楽しく、地元の人の話がおもしろかった。そんな気楽な気持ちで読んでいただければ幸いである。

編集部の望月喜茂さんには終始助言をいただいた。

旧友の東京大学名誉教授・竹内整一氏には、常に激励をしてもらった。また女流落語家の遊馬亭保育師匠には激励のみならず、校正・推敲まで丹念にしていただいた。この場を借りて厚く御礼申し上げます。ありがとうございました。

平成二九年三月

山崎　泰

参考図書（順不同）

『信州の城下町を歩く』（川崎史郎／川辺書林／二〇〇九）
『信州あの人ゆかりの菩提寺・神社』（北沢房子・安藤州平／信濃毎日新聞社／二〇〇七）
『新版信州歴史の旅』（南原公平・若林傳／令文社／一九八一）
『信州のまほろば』（南原公平・若林傳／令文社／一九七五）
『安曇野に八面大王は駆ける』（中島博昭／出版・安曇野／一九八三）
『探訪・安曇野』（中島博昭／郷土出版社／一九九七）
『武田信玄と諏訪』（諏訪史談会／諏訪史談会／一九七四）
『近江戦国の道』（淡海文化を育てる会編／淡海文化を育てる会／二〇〇六）
『信玄・謙信と信濃』（小林計一郎／信濃毎日新聞社／一九九一）
『戦国大名と信濃の合戦』（笹本正治／一草舎／二〇〇五）
『信州歴史散歩』（南原公平／創元社／一九七一）
『信州の山城』（信濃史学会／信毎書籍出版センター／一九九三）
『信濃の山城』（小穴芳美編／郷土出版社／一九八八）
『信玄と信濃』（南信日日新聞社報道部／南信日日新聞社／一九八八）
『武将列伝 一～六』（海音寺潮五郎／文芸春秋／一九六〇～六三）
『松本城』（金井圓／名著出版／一九八四）
『信州歴史の旅』（長野県観光連盟・令文社・一九七四）
『長野県の歴史散歩』（長野県高等学校歴史研究会／山川出版社／一九九四）
『わが町の歴史長野』（小林計一郎／文一総合出版／一九七九）
『信濃武士』（宮下玄覇／宮帯出版社／二〇一二）
『私塾の研究』（童門冬二／PHP 文庫／一九九三）
『松本藩六万石城下・近郷案内』（黒岩功／山麓舎／一九八五）
『中世信濃武士意外伝』（長野県立歴史館／郷土出版社／二〇〇五）
『武田騎馬軍団秘史』（依田武勝／叢文社／二〇一二）
『日暮硯紀行』（奈良本辰也／信濃毎日新聞社／一九九一）
『維新の信州人』（信濃毎日新聞社編／一九七四）

『太宰春台のあしあと』（西沢信滋／一九九一）
『城下町まつもと昔がたり』（中川治雄／郷土出版社／二〇〇七）
『高遠城の攻防と一夜の城』（講演記録集刊行会／ほうずき書籍／二〇一〇）
『真田戦記』（歴史群像編集部／学研プラス／二〇一五）
『日本伝説叢書　信濃の巻』（藤沢衛彦／すばる書房／一九七七）
『長野県史　近世史料編第一～九巻』（長野県／一九七一～一九八四）
『長野県史　通史編第一～九巻』（長野県／長野県史刊行会／一九八六～一九九〇）

■シリーズ藩物語／現代書館刊
『松代藩』（田中博文／二〇一二）
『上田藩』（青木歳幸／二〇一一）
『松本藩』（田中薫／二〇〇七）
『高遠藩』（長谷川正次／二〇〇五）
『小諸藩』（塩川友衛／二〇〇七）

■古典
『平家物語』（角川文庫／一九五九）
『源平盛衰記』（国民文庫／一九一〇）
『吾妻鏡』（汲古書院／一九八六）
『太平記一～三』日本古典文学大系三四～三六（岩波書店／一九六〇～六二）
『甲陽軍鑑　上・中・下』戦国史料叢書三～五（人物往来社／一九六五～六六）
『信長公記』戦国史料叢書二（人物往来社／一九六五）
『関八州古戦録』（新人物往来社／一九七六）
『将門記』（サンケイ新聞出版局／一九六四）

■別冊歴史読本シリーズ／新人物往来社刊
「図説徳川家康の時代」（一九八三）・「徳川家康その重くて遠き道」（一九八三）・「武田信玄の生涯」（一九八七）・「明智光秀」（一九八九）・「長州の革命児高杉晋作」（一九八九）・「闘将幸村と真田一族」（二〇〇三）・「天下布武織田信長」（二〇〇七）・「真田幸村と大坂の陣」（二〇〇八）

■歴史群像シリーズ／学研刊
「源平の興亡」（一九八九）・「戦乱南北朝」（一九八九）・「織田信長」（一九八九）・「激闘織田軍団」（一九九〇）・「徳川四天王」（一九九〇）・「藤原四代」（一九九三）・「平清盛」（一九九四）・「真田幸村と大坂の陣」（二〇〇六）・「闘神　武田信玄」（二〇〇六）・「真田三代」（二〇一三）

山崎　泰（やまざき・とおる）

1946年長野県生まれ。現在安曇野市在住。松本深志高校卒。國學院大學大學院修士課程修了。株式会社学研勤務を経て松本第一高等学校教員。元松本第一高等学校校長。信濃史学会会員。1996年「木曽義仲レクイエム紀行」でコスモス文学新人賞。著作『石田三成の微笑』(2004年新風舎刊)。現在地元タウン紙「松本平タウン情報」に「信州往来もののふ列伝」連載中(2010年～)。

※本書は、「松本平タウン情報」に連載中の「信州往来もののふ列伝」の中から50編を選び、加筆・再編集したものです。
※本文中の年齢表記は数え年です。

信州往来もののふ列伝

2017年4月11日　初版発行

著　者　山崎　泰
発行者　林　佳孝　発行所　株式会社しなのき書房
〒381-2206 長野県長野市青木島町綱島490-1
TEL026-284-7007 FAX026-284-7779

印刷・製本／大日本法令印刷株式会社

ISBN 978-4-903002-55-2